인생이란 무엇인가

인생이란 무엇인가

이홍준 · 이현주 · 김지연

생각의빛

공동저서 프로젝트

  이 책은 출판사 기획 공동저서 프로젝트로 만들어 졌습니다. 주제는 '인생관'입니다.

  인생에 관한 세 작가의 진솔한 이야기가 담겨 있습니다.

  세 작가의 이야기 속으로 초대합니다!

공동저서 프로젝트

http://blog.naver.com/sangkac

이홍준

Chapter 1. 가변하는 인생관

가변하는 인생관 · 11
노력은 배신할 수 있지만 그럼에도 한다 · 13
우울할 때는 피하려 하지 말고 마주하자 · 20
스스로 보통의 정의를 만들자 · 26
사랑에 생각과 분류를 멈추자 · 33
스스로에게 너무 엄격하지 말자 · 40
흔들리는 것을 두려워하지 말자 · 49
세상은 통제할 수 없는 것 투성이다 · 57
강점을 볼 수 있는 양면성의 눈을 갖자 · 64
무슨 의미를 부여하나, 최선을 다해서 살아가는 거지 · 71
잘 우는 게 건강한 것이니 어른도 울 수 있다 · 78
쓸모와 무쓸모는 정하기 나름이다 · 83
마치며 · 90

이현주

Chapter 2. 인생이 나만의 철학을 만든다

경험하는 모든 순간이 나의 인생관이 된다 · 94
삶은 만들어가는 것이지 발견하는 것이 아니다 · 107
삶은 유한하다! 이 순간을 살아라 · 120
혼자 있는 시간이 삶의 깊이를 만든다 · 134
행복은 특별한 게 아니라 평범한 거다 · 146
내가 바뀌면 삶은 저절로 바뀐다 · 157
나를 지키는 습관 하나가 삶의 진로를 바꾼다 · 168
걱정해도 일어날 일은 결국 일어난다 · 178
우리는 모두 점점 나아지고 있는 중이다 · 190
자기다운 삶을 살아라 · 203

김지연

Chapter 3. 인생이란 무엇인가

인생이란 무엇인가 • 215

거짓말을 하지 말아야 한다 • 219

어떤 때라도 나 자신은 소중하다 • 223

인생에서 만나는 허무한 순간 • 227

떠나가며 새 길을 찾는다 • 232

용서하면서 성숙해진다 • 238

혼자인 것을 즐겨라 • 243

'마음의 고통' • 246

존재의 반대말은 부재이다 • 250

아름다움과 사랑함 • 253

정말 사랑한 것도 아니면서 • 257

언젠가 기회가 나를 찾아온다 마치 아는 사람처럼 • 260

유의미한 것을 무의미한 것으로 치환하는 일 • 266

타인의 고통에 관심을 갖는 일 • 272

인생에 목적이라는 것이 있어야 하는가 • 275

사랑에 빠지는 힘 • 279

공백의 공간감 • 283

험담의 마술 • 286

주체와 인맥 • 291

Chapter 1.

가변하는 인생관

이홍준 작가

가변하는 인생관

 사람을 상대하는 직업에서 상담을 하면 마주하는 다양한 사람들의 유형이 있다. 청소년기 성적과 교우 관계에서 갈등을 경험하거나 청년기 연애와 직업을 선택하는 과정에서의 갈등이 그 예이다. 뿐만 아니라 부모가 되어 성장하는 중년기, 나의 삶의 마지막 페이지를 어떻게 장식할 것인가에 대한 노년기가 그렇다.
 우리는 처음 살아가는 것이기에 직선의 인생에서 나의 삶의 방향이 되는 관점인 인생관은 꾸준히 변화한다. 인생관의 변화는 능동적일 수도 혹은 수동적일 수도 있다. 관점은 내가 처한 환경에서 적응하며 나아가는 과정에서의 변화이기 때문이다.

  이 글의 첫 소개를 '가변하는 인생관'을 소개한 이유는 정신과에서 경험한 다양한 삶과 그들의 인생관이 정해진 것이 아닌 변화하여도 '괜찮다.'라는 이야기를 전달하고 싶어서이다.

노력은 배신할 수 있지만 그럼에도 한다

우리는 삶을 살아가며 1등이라는 결과에 큰 의미를 둔다. 주변 어른들이 하는 말 중에 가장 기억에 남았던 이야기는 '1등이 아니면 안 돼. 2등은 기억해주지 않아'라는 말이었다. 1등이 주는 의미가 우리 사회에서 무엇이 가장 중요할까에 대한 생각을 하게 했던 것 같다.

우리는 1등의 노력과 끈기에 대해서 집중하며 그들

을 배우고자 한다. 그리고 나머지 사람들에 대해 같은 노력을 하기를 바라며 '노력이 부족하다.'라는 말을 하곤 한다.

삶의 전반에 적용되는 이야기이지만 직관적으로 등수를 매기는 청소년기에 중간의 학생들은 노력하지 않은 사람으로 낙인이 찍힌다. 물론 그중에는 아무것도 하지 않는 사람도 있겠지만 노력하는 사람도 있을 것이다.

우리 사회를 관통하는 단어였던 '노력이 부족해'라는 말을 들어본 적이 있을 것이다. 한때 이를 풍자하는 개그가 있을 정도로 사람들은 이제 '노력한 만큼의 성과'가 있다는 것을 믿지 않는다. 아마 이런 개그가 성행했던 이유는 과정보다 결과를 중요시 하는 우리 사회의 모습이지 않을까 싶다.

학업과 교우관계에 대한 스트레스로 상담을 찾아온

학생이 있었다. 노력한 만큼의 결과가 나오지 않는 것 같아서 중간밖에 하지 못하는 자신 스스로가 밉고 위축된 모습이었다.

무엇을 좋아하는지, 무엇을 하고 싶은지, 어릴 적 몸이 아파서 투병 생활을 했던 학생은 주도적으로 자신의 인생을 이끌어 가지 못했다. 지극히 평범한 일상이지만 교우관계가 좋거나 성적이 뛰어나거나 운동을 잘하거나 하는 사람들과 비교를 하며 자신은 그보다 못한 사람으로 정의할 뿐이었다.

시작은 단순한 비교였지만 언덕에서 눈덩이를 굴리듯 점차 커진 타인의 시선을 정해진 기준인 것처럼 맞춰가기 시작했고 인정받기 위해 노력했다. 이내 자신이 어떤 사람인지 중심을 잃었고 인정을 갈구하는 사람이 되었다. 노력의 방향을 잃어버린 것일까?

이 이야기는 특정 인물의 삶이지만 읽어 내려가는

내내 위화감은 찾을 수가 없다. 인정받고 싶어 하는 욕구는 누구나에게 있고 글을 쓰는 나와 글을 읽는 독자 역시 마찬가지이기 때문이다.

누군가에게 인정받기는 참으로 어렵다. 나는 이때 이 질문을 건네곤 한다.

'나 자신은 스스로를 인정하고 있는가?'

젠가라는 보드게임이 있다. 학창 시절 쉽게 접근할 수 있기에 우리는 한 번쯤은 경험해 보곤하는 보드게임이다. 공들여 쌓여진 나무조각을 하나씩 빼어내 위로 쌓다보면 위태위태한 순간을 지나 결국 무너지곤 한다.

삶이 젠가라면 우리가 하는 모든 노력들은 쌓여져 가는 나무와 같다. 공들여 열심히 쌓다 보면 한계를 모르고 꾸준하게 위를 향해 나아갈 수 있을 것 같지만 때로는 흔들릴 때도, 어긋난 방향에 실패라고 생각하여 낙담할 수도, 보상받지 못하는 노력에 상처받으며 스스로를 깎아 갈 때도 있다. 자신을 인정하지 못하고 믿음이 없는 자세는 이러한 흔들림을 가속시킨다.

그저 그런 사람이 되기 위해 살아가는 사람은 없다. 처음에는 무엇인가 이루기 위해 노력한 사람들도 실패의 과정속에서 이카루스의 녹아버린 날개처럼 중간이 된 것이다.

이 어떤 것을 이루고자 하는 목표가 우리가 생각하는 열망이다. 사람은 누구나 과정의 실패와 열망을 경험한다. '나는 무엇이 되고 싶어', '나는 어떻게 하고 싶어'라는 예시처럼 말이다. 그렇지만 도파민이 만연한 현대 사회에 느리게 성장하는 나는 성취가 없어 보이기 마련이다.

"당신은 모소 대나무의 죽순일지도"
중국 극동지방에서 자라는 모소대나무는 파종 후 4

년 동안 매우 천천히 3cm도 안 되는 속도로 자라난다. 5년이라는 인고의 시간이 지나는 순간 하루에 30cm 이상씩 자라나게 되어 15m가 넘는 숲을 이루는 이야기는 노력과 관련해서 예시로 들어지는 유명한 이야기다.

5년 동안 모소 대나무는 천천히 느리지만 큰 키에도 견딜 수 있는 뿌리를 깊게 내린 것이다. 마음속에 젠가가 있다면 1등이라는 성과를 내지 못할 때, 당장의 성취감을 느낄 수 없을 때, 나의 기대에 미치지 못할 때 나무토막이 하나씩 사라지는 경험에 지쳐 우울이라는 감정에 빠지기도 한다. 또한, 준비하는 무엇인가가 5년이 지난다고 해서 성공하리라는 보장도 없다. 다만, 우리가 확실하게 알 수 있는건 하나가 있다.

"노력은 어디서든 쓸 수 있는 양분이다."

의미 없다고 생각하는 학업 준비도 또 다른 무엇인

가를 준비할 수 있게 해주는 의자에 앉는 습관을 주었다.

먼저 말을 건네는 용기는 관계를 맺을 때 어떻게 해야 하는지 대인관계 형성에 도움이 되었다.

노력은 배신할 수 있다.

그럼에도 우리가 노력하는 것은 이 노력이 나의 인생 전반에 나아가는 방향점을 제시해 줄 수 있기 때문이라 생각한다,

우울할 때는 피하려 하지 말고 마주하자

우리의 삶에서 누구나 한 번쯤은 경험해보는 감정이 있다. '우울'이라는 감정이 그 주인공인데 최근에는 캐릭터와 영상매체 등으로 부정적 영향이 아닌 언제든 경험할 수 있는 감정으로 와 닿는 것 같다.

상담사도 사람인지라 모든 감정을 경험한다. 그 중 무기력이 하루의 전반에 낮게 깔려 있을 때 가장 와닿았던 말이 있었다. '인생의 노잼시기' 라는 말은 딱히 날카로운 말이 아닌데 심장에 박혀 가장 오랜 시간 기억에 남아 있는 단어가 되었던 것 같다.

 무엇을 해도 즐겁지 않은 기분, 취미 활동을 해도 재미를 못느끼는 시기, 친구들과 즐거운 담소를 나누다 집에 오면 헛헛함으로 공허한 느낌을 경험한 적이 누구나 있을 것 이다. 이때 나누었던 카카오톡 메신저에서 ㅎㅎㅎ, ㅋㅋㅋ을 반복적으로 나누며 소통하지만 얼굴의 표정은 굳어있는 모습을 상상하곤 한다. 이 시기 과거의 아쉬움과 미련, 다시 선택할 수 있다면, 현실과 좋았던 기억과의 비교에서 오는 낙담감 등 여러 생각들을 경험한다. 이 글을 읽는 독자들은 과거의 어떤 기억이 지나갔을까라는 의문이 스친다.

 이유를 알 수 없는 우울감과 무기력으로 상담을 찾아온 내담자가 있었다. 인터넷이 발달된 시대에서 이 기분을 해결하기 위한 다양한 방법을 시도했었다며 자신의 노력을 나열하였다. 매일 산에 올라 맑은 공기를 마셔보겠다며 등산하기, 주변 산책을 해보며 하루를 마무리하기, 정신없이 자신을 일부러 몰아치며 바쁘게 살아보기, 집에서 혼자 할 수 있는 뜨개질과 같은 취미를 만들어 보기, 친구를 만나서 한참 동안 대화를 나누기, 생각을 비우는 명상을 해보기 등 정적인 방법과 동적인 방법을 함께 사용하며 노력한 흔적이 내담자가 시도한 모든 행동에서 느껴졌다. 계속해서 우울감을 밀어내려 하다 보니 우울이라는 감정 자체가 가지는 느낌을 부정적인 것, 사라져야만 하는 것으로 인식하고 대처하고 있었다. 업무 수행에 이상이 있거나 일상생활에 큰 어려움이 있는 것은 아닌데 낮게 깔린 우울이라는 감정이 자신은 마치 '행복'하지 않은 사람이라 명명하는 것처럼 와닿아 없었으면 하는 감정에 도달한 것이다.

무기력이 오래되거나 우울감이 전반에 있어 내 일상생활을 유지하지 못할 정도를 이야기하는 것은 아니다. 이는 해결 되어야 하며 치료로서 접근할 수 있을 것이다. 그러나 이 경우에는 일상생활을 잘 유지하며 인생의 노잼 시기라는 우리가 보편적으로 경험할 수 있는 감정을 이야기하고 있다.

 이유를 모르는 우울감을 경험하는 것만큼 답답한 상황은 없는 것 같다. 나는 계속해서 기분이 마치 동굴에 있는 것처럼 차분하고 무기력한 경험을 하는데 이유를 모르니 해결할 방법조차 알 수 없기 때문이다. 그럴 때 우리는 이 감정을 없애보려 노력하곤 한다. 마치 감정을 통제하지 못하는 건 미성숙한 사람이라 생각하는 것처럼 말이다.

 우리는 성장하는 사람들을 좋아한다. 그리고 다양한 이름으로 불리우곤 하는데 '존경하고 배울 수 있는 사람', '성숙한 사람', '감정 통제를 잘하는 사람' 등 통틀어 진정한 어른이 되고자 한다. 누구나 태어날 때부터 성숙한 어른은 없다. 실패에서 성공을 배우는 것처럼 우리가 마주하는 모든 경험과 그에 대한 대처로 우리는 어른으로 성장해 나간다. 그렇기에 우울감을 밀어내기 보다 마주하고 고민해보는 것이 감정적 성장에서 촉매가 될 것이다.

"우울을 마주할 수 있는 용기가 필요한 때."

유쾌하지 않은 이야기를 담아두고 싶은 사람은 많지 않다. 그렇기에 감정을 마주할 때는 많은 용기가 필요하다. 회피할 수 있는 상황을 마주하는 것 만큼 감정적 에너지가 많이 드는 일이 드물기 때문이다. 우선, 마주 볼 용기가 생겼다면 빈 종이를 펴고 자리에 앉아 조용히 질문을 써 내려가며 답을 적어 보자.

나는 언제부터 우울했을까? 라는 질문은 고민의 시작점을 찾는 계기가 되어 줄 것이고 어떨 때 나의 우울감이 커질까? 라는 질문은 해결의 실마리를 줄 것이다. 나는 우울할 때 어떤 행동을 할까? 라는 질문은 내가 하는 행동이 도움이 되는지에 대한 응급처치 방안이 될 것이고, 나는 지금 어떤 생각을 하는지, 그 생각은 합리적인지, 근거는 명확한지에 대한 질문은 부정적 생각으로 가득 찬 나에게 다른 시선을 볼 수 있게 하는 계기가 될 것이다.

밀어내고 회피하는 것이 능사는 아니듯, 우리 감정이 성장할 수 있는 계기는 그것을 온전하게 바라볼 수 있을 때 일어난다. 우리 인생에서 경험할 수 있는 우울은 참으로 많다. 모든 우울들을 해결할 수 없을지 몰라도 인생에서 수많은 고민을 하고 마주 보려 한 만큼 오뚜기처럼 쓰러지지 않고 다시 설 수 있는 힘이 강해질 것이다.

스스로 보통의 정의를 만들자

 정해진 길이 있는 것 같은 학령기를 지나 무엇인가 나의 행동에 책임을 져야 하는 성인기에 도달했을 때 '진정한 어른'은 무엇인가 생각할 때가 있다. 나는 아직 사회적 책임을 짊어지기에는 부족한 것만 같고 사회는 종종 나에게 조소가 섞인 냉대를 건넨다.
 그렇게 조금은 미숙하지만, 사회인으로서의 첫발

을 내딛게 된다. 하지만, 예전부터 우리에게 익숙하게 들려오는 단어 '청년 실업'에 대한 문제는 오늘날까지 지속되고 있다. 흔히 한국의 미래는 일본에서 엿볼 수 있다. 라는 말이 있을 정도로 비슷하게 닮아가고 있는데, 과거 일본의 프리터족이라고 불리는 청년 카테고리의 유형이 최근 우리 사회에 늘어나 사회적 이슈가 된 것이 그 점이다. 프리(free)와 아르바이트(arbeiter)의 합성어로 취업난이 계속되며 청년 세대의 스트레스 증가와 개인의 행복감이 중요해진 점이 그 요인으로 뽑힌다고 한다.

우리 사회의 밀집도와 경쟁을 생각했을 때 청년들의 아우성은 마치 미국 정신건강연구소에서 진행했던 동물학을 전공한 박사의 쥐 실험과 같은 느낌이다. 하나의 사회를 빗대어 꾸며놓은 쥐 실험에서는 천적이 없고 먹이는 지속적으로 보충되는 환경적 유토피아를 만들었다. 단 하나의 제약이 있다면 한정된 공간이 그곳의 유일한 흠이었다. 실험 초기 유토피아의 구성원인 쥐들은 그곳을 낙원이라 생각하며 즐기듯 개체수는 증가해 갔지만, 한계 인원에 봉착했을 때 스트레스를 받아 그들은 서로에 대한 흥미를 잃고 공격성을 보이며 공동체는 무너지기 시작했다. 그렇게 개체수가 줄어 다시 유토피아를 실현할 것 같았지만 아이러니하게도 쥐들은 그전과 다름없이 무기력한 모습을 보였다고 한다. 다시금 좋은 환경이 보장되었는데 무엇이 쥐들에게 그전과 다르다고 생각하게 만든 것일까?

최근 뉴스만 보더라도 우리 사회가 가는 방향이 걱정되곤 한다. 그렇게 우리가 처한 환경이 악화하고 있는 것 같다면, 개개인의 내면은 어떻게 소리 없이 아우성치고 있는지 살펴볼 차례다.

20대 초반의 여성이 계속된 좌절에 힘겨움을 이야

기하며 상담에 찾아왔다. 대학교는 성적에 맞춰 학과를 선택했고, 전공을 살려 취업을 시도하기에는 취업의 문이 너무 좁다고 생각하여, 다양한 자격증을 준비하고 자신의 스펙을 가꿔왔었다고 한다. 집에서 있기에는 부모님의 눈치가 보여 아침이 되면 도서관에 출근하다시피 방문하여 매일 구직 사이트를 들여다보고 원서를 넣어 보지만 불합격이라는 통보는 자존감을 갉아먹어만 갔다. 그렇게 현실과 타협하여 취업에 성공해보지만, SNS에 비치는 친구들의 성공한 모습은 스스로가 도태되었다고 생각하게 만들어 점차 위축되어 갔고 고립감을 키워갔다.

뛰어난 성적은 아니었지만, 항상 '중간'은 했었다고 하는 내담자는 큰 꿈이 아니라 그저 '보통 사람'처럼 살고 싶었다고 한다. 평범한 직장에 연봉, 자동차, 적당한 주거지, 일 년에 한두 번은 해외여행을 가는 취미처럼 말이다. 하지만, 주변을 돌아보니 자신과 다른 현실에 사는 사람들이 정말 많아 보였고 자신은 한 개를 이루기에도 벅찬 현실에서 스스로의 인생을 '하위'라고 명명하였다. 그렇게 '보통의 저주'에 빠져버렸다.

'스스로 정의한 보통이 무엇인가?'

일상생활을 살다 보면 '중간', '보통'이라는 말을 많이 듣게 된다. 가만있으면 중간이라도 가지, 보통은 그렇지 않아? 와 같이 흔히 일상에서 쓰는 말에 내포가 되어 있다. 한 무리가 있다면 가장 먼저 행동을 이행하는 사람, 가장 마지막에 움직이는 사람, 그리고 중간에 위치해 묻어가고 싶은 사람 등 다양하게 나뉜다. 무엇인가 알 수 없는 상황과 불안감에 처했을 때 우리는 중간을 선택해 위험 요소를 배제하려고 한다. 보통과 중간은 그렇게 우리가 행동하는 근거의 잣대가 되기도 한다.

그렇다면 20대 취준생 나아가 20대 초년생의 보통은 무엇일까? 좋은 직장, 괜찮은 연봉, 인서울 학력, 모아놓은 자산, 과시할 수 있는 취미, 자신을 꾸밀 줄 아는 외모 등 다양한 기준을 살펴보았을 때 주변에 한 두 명쯤은 위와 같은 기준에 부합하는 사람을 떠올릴 수 있을 것이다. 하지만, 모든 기준을 충족하는 사람을 그려보자면 과연 그런 사람이 있기는 한 걸까 싶을 때가 있다. 그런 사람을 우리는 '육각형 사람'이라고 부른다.

그렇게 하나도 이루기 어려운 세상에서 육각형을 맞춰나가는 '보통'이라는 존재가 되려 하는 노력보다, 객관적인 통찰력을 키워나가며 스스로 '보통'을 정의하는 과정이 필요하다. 막연한 보통이라는 단어에서 구체적인 보통이라는 단어로 변화가 필요한 시점이라는 뜻이다. 지금 눈을 감고 내가 상상하는 보통의 사람이 존재하는 사람인지 통찰해보자. 너무 높은 이상은 허들을 높여 넘을 수 없게 만들어버리니까 말이다.

'계속된 좌절에도 다음 발을 내딛는 너에게 응원을 건넨다.'

따듯한 온정을 나누는 어쩌면 당연한 상황이 뉴스에 이슈가 되는 것처럼, 다소 차가울 수 있는 우리 사회에 '힘을 내라'는 말이 전혀 와닿지 않는다는 것을 알기에 계속된 좌절에도 버텨나가는 사회 초년생에게 응원을 보내며 나이가 지나 어른으로 불리는 것이 아닌 내면이 성숙한 어른이 될 수 있기를 바란다.

사랑에 생각과 분류를 멈추자

'사랑'이라는 단어는 듣기만 해도 마음을 간질이는 기분을 주는 것 같다. 그래서 그런지 소설의 소재로 사랑의 열병을 표현하기도 하고 비교와 조건을 생각하지 않고 온전하게 그 사람만을 바라보는 청춘드라마의 열정적인 소재로 활용되곤 한다. 또한, 조금 더 넓은 범위에서 부모님의 무조건 적인 사랑이라던가, 시골 할아버지 할머니의 푸근한 사랑 등 다양한 범주에서 생애주기 전반에 영향을 주고 있다. 도시화에 따라 내 주변 이웃이 누가 사는지도 모르는 연결이 끊어진 우리 사회에서 시골의 푸근한 정서는 상대적으로 우리가 무엇을 잃어가고 있는가에 대한 시사점도 선사하고 있다.

사랑이라는 감정을 마음속 깊이 담고 표현하기 어려워하는 사람들이 고전으로 사용하던 방법이 한 글자씩 꾹꾹 눌러쓰던 정성스런 편지였다면, 최근에는 다양한 방법이 있다. 그중에서도 거짓말을 해도 '만우절'이라는 한마디로 모든 것을 무마시킬 수 있는 4월 1일이 그렇다. 또한, 장문의 문자메시지를 썼지만, 세로로 읽었을 때 사랑 고백이라는 방법도 있다. 위 두 가지 방법은 다소 마음을 표현하기 어려운 사람들의 우회적인 방법이라고 생각될 수 있지만 다른 한편으로는 거절에 대한 두려움을 경험하고 있다고 생각할 수도 있다.

'진정한 사랑'을 찾기 위해 노력하는 내담자가 있었다. 20대 후반의 직장인이었던 내담자는 여러 번의 사랑이라는 감정을 경험했지만 고백하지 못한 채 마음에 넣어둔 감정은 '그건 진정한 사랑이 아니야'라며 마음의 문을 점점 닫게 했다.

처음은 자신이 정말 멋지다고 생각하는 사람이었다. 내담자가 미숙하다고 생각하는 부분을 뚝딱 해결하는 그 사람의 모습에 그 사람을 정말 닮고 싶다고 생각했다. 그 사람을 지켜볼 때마다 설렘은 깊어져 갔지만 거절에 대한 걱정 또한 깊어져만 갔다. 결국 고백을 이어 나가지 못했고 그건 '동경'이라 생각하며 자신을 위로했다.

두 번째는 자신이 챙겨줘야 할 것 같은 사람이었다. 그 사람은 업무에 지치고 힘들어 보였고 도와주고 싶다는 생각이 자꾸 마음에서 떠나질 않았다. 힘들 때마다 곁에 있으려 노력하였으나 그 사람의 마음에 여유는 없어 보였고 거절에 대한 생각이 떠올라 상황 자체가 부정적으로 생각이 되었다. 결국 자신이 곁에 있는 것이 의무감처럼 느껴지게 되었고 자신마저 그 늪에 빠지는 것 같다는 생각이 들어 거리를 두게 되었다. 이때 내담자는 그건 '동정'이라 라고 생각하며 자신을 위로했다.

결국 계속된 구분을 통해 사람과의 관계를 정립하던 내담자는 요즘 사람들은 사람을 너무 쉽게 만나고 쉽게 이별하는 것 같다고 생각하며 사랑에 대해 끊임없이 생각하고 자신에게 다가오는 사람이 있다면 경계하기 일쑤였다. 자신만의 견고한 기준이 있었던 내담자는 한 가지 기준을 충족하더라도 다른 한 가지를 충족하지 못하면 밀어냈다.

거절에 취약한 사람들은 거절마저 수많은 분류화를 통해 최선의 답을 도출하고 통제하려 한다. 위 사례에서 내담자가 사랑을 구분한 형태는 동경과 동정이다. 그렇다면 구분하고 구분하면 최선의 답을 찾을 수 있을까?

"내가 찾는 것이 진정으로 존재하는 것일까?"

진정한 사랑이라는 단어는 무엇이라 정의할 수 없을 만큼 모호하다. 사람에 따라 해석이 다 다를 수 있기 때문이나. 그렇다면, 우리가 스스로 가장 먼저 건네야 하는 질문은 '내가 존재하는 것을 쫓는가?'이다. 허상을 좇는 것만큼 답을 어렵게 만드는 것은 없다. 이럴 때는 내가 생각하는 사랑이 무엇인지 정의를 내리고 그에 따른 예를 적어 보며 근거를 마련해보자. 눈에 보이지 않는 것을 정리하며 시각화하고 수치화하는 것은 생각을 정리하고 앞으로 나아가기에 유용한 방법 중 한 가지이다.

"구분의 귀결은 결국 사랑이다."

사람의 마음에는 각자의 자물쇠가 있다고 생각한다. 어떤 사람은 마음의 자물쇠가 적어 쉽게 마음을 열지만, 어떤 이는 굉장히 힘들어하는 것처럼 말이다.

구분하면 할수록 순수함을 잃어가고 마치 사랑은 조건인 것처럼 마음에 자물쇠를 하나씩 채워가게 된다. 사람이 사람을 신뢰하고 마음을 연다는 건 사람인(人)이라는 한자의 유래처럼 서로 기댈 수 있는 관계가 된 것일 텐데 자물쇠를 채운다는 것은 내담자가 말하는 '진정한 사랑'에 멀어져가는 것만 같다. 결국 구분의 끝은 거창한 것이 아닌 태초의 간단함이다. 그렇다면 그것을 위해 선행되어야 하는 첫 단추는 거절을 마주하는 것이다. 우리의 삶에서 '거절'을 회피할 수는 없다. 그렇다면 조금 더 잘 회복할 수 있도록 많은 경험을 통해 실수를 보완하고 다시 일어날 수 있는 경험치를 획득해보자.

스스로에게 너무 엄격하지 말자

 사회로 나아갈 준비를 마치고 비로소 진정한 사회의 첫발을 내딛는 것 같다. 취업 준비라는 인고의 시간을 견디고 취업에 성공한 우리가 출근하는 첫날은 새로운 환경이라는 설렘과 잘 해낼 수 있을까? 라는 불안감이 공존한다. 우리는 태어나서 대지로 돌아가는 시간을 선형적으로 보내기 때문에 우리는 모두 사회 초년생을 거쳐 간다. 즉, 우리가 경험하는 매일은 어떤 의미로 처음이라는 뜻이다.

 우리는 처음 시작하는 사람을 초보자라 하고 경험과 숙련을 쌓은 사람을 전문가라고 부른다. 요즘 세대가 사회를 비판할 때 '경력직 신입'만 찾으면 경력을 어디서 쌓냐는 말이 떠오르는데, 우리 삶은 다행히 경력직 신입은 없이 평등하다 볼 수 있다.

 예를 들어 태어난 아이가 바로 능숙한 말을 할 수 없는 것처럼 말이다. 요즘 부모님들은 자녀의 양육에 많은 관심을 보이며 '개월 수에 따른 발달 과정'을 찾아보고 내 아이를 살펴보고 있다고 한다. 다소 결과적으로 볼 수 있는 아이들의 과업 수행보다, 우리는 조금 더 그 행동에 닿기 위한 과정을 살펴보고 생각을 할 수 있는 시간을 갖고자 한다. 여기서 질문을 던져본다. '어린아이는 걷기 전 얼마나 많은 엉덩방아를 찧으며 넘어질까?'라는 질문에 눈을 감고 생각해보자. 잠깐 생각을 해보더라도 그 수는 정말 셀 수 없이 많다. 넘어진 아이는 잠시 눈물을 흘리기도 하지만 이내 다시 걸음마를 시도한다. 그렇게 실수를 경험하지만 우리는 앞으로 나아간다. 그렇게 두려울 게 없었던 우리가 성장을 해나가고 성인이 되어서는 실수나 실패에 갈대처럼 흔들리곤 한다. 실패에 따라 나에게 돌아오는 위험성이 커진 것일까? 책임을 져야 하는 어깨가 무거워진 탓일까? 혹은 잘하고 싶은 마음의 기대치와는 다른 모습에 대한 실망일까? 과거와 어떤 점이 달라졌기에 우리는 흔들릴까.

  많은 기업에 지원서를 넣었고 인연이 닿아 좋은 기업의 취업에 성공했다고 말하는 30대 초 남성이 상담에 왔다. 예의가 바른 청년은 특별히 모나지 않은 인생을 살아왔다고 이야기하며, 학창 시절 성실하게 공부하고 대학을 졸업해서 군대를 다녀오고 취업을 준비한 평범한 사회 초년생 남자의 평균과 같은 모습이었다. 처음에는 부푼 마음을 안고 출근을 시작했다고 한다. 자신에게 주어진 업무를 수행하면서 잘 모르는 부분이 있으면 물어도 보고 조금 더 늦게 퇴근하며 열정을 쏟아가며 배워갔다. 발단은 조그마한 실수였다. 한 번의 실수에 '조금 더 잘해야겠다'라 생각했고 '절대 실수하지 말아야지'라는 다짐은 자신을 압박하여 부담을 가져왔다. 부담감은 업무 능률에 좋지 않은 영향을 주었고 상사에게 꾸중을 듣기 일쑤였다. 게다가 같은 시기에 입사한 동기가 승승장구하며 직장 내에서 자리를 잡아가는 모습을 보며 '나는 왜 이렇게 못할까.'라는 생각이 자신을 지배했고 자존감은 낮아져만 갔다. 그럴 때마다 절대 실수만 하지 않으면 돼 라는 생각을 되뇌었으나 실패라는 경험을 딛고 일어나기에는 너무 많은 에너지가 필요하다는 생각이 들었고 '노력하기보다 놓는 게 더 편하다.'라고 생각하며 무너지기 시작했다.

"굳이 그대로 받아들이며

자존감을 깎는 해석을 할 필요가 있을까?"

 2024년 한 해 기억에 남는 말이 있다고 하면 그중 한 가지는 '럭키비키 잖아.' 라는 말이 있다. 좋지 않고 어떤 힘든 일을 마주하더라도(상황) 반대급부의 좋은 점을 생각하며(해석) 치환하는 것이다. 유명인의 말이기에 유행했던 것도 영향이 있겠지만, 한편으로는 상처받아 힘들어하는 사람들이 많지만 적절하게 해소되고 있지 않기에 '럭키비키 잖아'라며 상처를 치환하는 방법이 마음에 와닿는 대처 방법이 되지 않았나 싶다.

 양극단에 치달으면 무엇이든 문제가 생긴다는 말처럼, 너무 과한 긍정 해석 또한 문제가 발생할 수 있겠지만 실수와 쓴소리가 반복되며 상대방이 쏜 화살을 그대로 맞아가면서, 혹은 자기 자신에게 '난 왜 이거 밖에 안 되지!'. 라는 비난의 화살을 자기 자신에게 쏘며 자존감을 깎을 필요는 없지 않은가.

  사회에 처음 나와 실수를 반복할 때 들었던 이야기가 있다. 쓴소리와 나쁜 말을 레몬으로 비유한다면, 레몬은 정말 시고 쓴 느낌이 있지만 수많은 레몬즙이 모여 경험이 되고 레모네이드로 바꿀 수 있는 능력을 너는 가지고 있다고 말이다. 좋지 않은 상황에 처한 나를 다루는 속담과 명언은 많지만 '해석'을 주제로 한다는 결은 같다는 점에서 시대에 필요한 대처 방법이라 생각된다.

  초년생이 사회에서 겪는 부담감을 조금이나마 줄이기 위해 '해석'에 도움이 되는 사회적 인식을 살펴보자. 우선, 우리가 사회 초년생에게 거는 기대치는 어느 정도일까? 라는 질문에 답을 해보면 우리가 공감하는 매체로 활용되는 드라마에서는 사회 초년생을 인간관계에 어려워하고 업무 실수에 혼나고 치이지만 버텨나가는 청년의 모습을 내보이고 우리는 그 장면들을 끄덕이며 자신의 과거인 사회 초년을 공감하곤 한다. 처음부터 위대한 사람은 없듯이 조그마한 성취에 큰 의미를 부여하고 나아가는 힘을 자신에게 부여하자.

경쟁사회에 있다 보면 적어도 내 시선에 있는 누군가보다는 더 잘하는 것이 있어야하는 것이 아닌가 생각이 될 때가 있다. 그렇게 사례에서처럼 '저 친구는 잘하는데 나는 왜 못하지, 나는 왜 같은 실수를 반복하지' 라고 생각하며 압박을 가져온다. 옛 속담에 황새가 뱁새를 따라가면 가랑이가 찢어진 다는 말이 있다. 옛 선조들 또한 비교라는 굴레를 경험했던 것 같다. 자신만의 속도가 있는데 더 빠르게 몰아치다 보면 당연히 실수도 잦아지고 과다 투여된 에너지가 금방 고갈되어 소진이 올 수 있다. 그만큼 힘들어지는 건

덤이고 말이다.

우리가 무엇을 다짐할 때 꼭 살펴봐야 할 것이 있다면 절대, 완벽, 모든은 불가능에 가깝다는 것을 인지하는 것이다.

절대 울지 않는다고 했지만 태어날 때부터 우리는 울었고
완벽한 글을 쓰고 싶었지만 당연히 호불호가 있을 것이고
모든 사람에게 사랑받고 싶지만 나와 맞지 않는 사람도 있다.

이처럼 불가능한 것을 가능하게 만들려고 자신을 압박하며 불안감을 키우는 것만큼 자신을 괴롭히는 것도 없다.

"너무 큰 실수가 아니라면 채워나갈 수 있는 것이면 된다."

자기 자신을 몰아치며 나아가고자 하는 사람들이 있다. 이렇게 타오르는 모습을 보면 열정이 있는 초년생의 아름다움이라 생각할 수도 있다. 하지만, 멀리서 보면 희극이지만 가까이서 보면 비극이라는 말처럼 '남들에게 뒤처질까 두려워' 자신을 채찍질하는 모습일지도 모른다.

한없이 자신에게 자비로운 모습도 여러 문제를 불러오겠지만, 장렬하게 불타오르는 장작보다 은은한 숯의 열이 오래가듯 가혹하기보다 조금은 유연한 사고를 해보자.

흔들리는 것을 두려워하지 말자

 인터넷 기사에 떠도는 수많은 기사를 보고 그 덧글을 보면서 들었던 생각은 우리는 참 실패에 관대하지 않다는 것이었다. 과학연구 실패에 투자 비용이 아쉽다던가, 스포츠 기사에 선수의 부진이라던가던가 말이다. 한 번 흔들렸다고 해서 그동안의 노력과 시간들은 무의미해지는 것일까?, 아니면 세계의 종말이 올 만큼 큰일이 나는 것일까? 그렇게 흔들리면 안된다는 생각들이 모여 '나는 꼭 ~을 해야한다.'라는 must가 싹트게 된다.

학창 시절을 되돌아봤을 때 시험 한 두문제를 틀린 친구가 엎드려서 우는 것을 본 적이 있다. 처음에는 답을 밀려 써서 힘들어하는구나라고 생각했는데, 알고 보니 아는 문제를 실수하여 틀렸기에 힘들어한다는 것이었다. 한 문제를 바라보는 시선이 서로 다를 수 있다는 것을 알게 되면서 나라면 어땠을까를 생각했던 것 같다. 아마 내가 한 문제만 틀렸다면 펄쩍펄쩍 뛸 만큼 좋아하지 않았을까 상상하며 말이다. 그렇게 자신에게 엄격한 친구는 '나는 절대 실수하면 안된다.'라는 must를 만들어 나가지 않았을까라고 생각한다.

생애주기를 살아가며 우리는 must를 함께 쌓아간다. 그렇게 형성된 강박적인 성향은 실패를 경험할 때마다 흔들리는 것이 아닌 부러짐을 경험한다. 그리고 부러진 마음은 장작으로 활활 타버려버 소진을 경험한다. '아무것도 하기 싫어.' , '그냥 집에만 있고 싶어', '퇴사가 답이다.' 라는 마음을 불러오며 말이다.

짧지도 길지도 않은 삶을 살아오며 가장 좋아하는 말이 있다면 '흔들리되 부러지지는 말자.'라는 말이다. 실수한 사람에게 인간미가 있다는 것이나, 오뚜기 같은 인생이라던가 흔들리는 우리를 지칭하는 말들은 참 많지만 이 말들의 공통점은 흔들리는 것을 인정하고 마주할 수 있다는 것이다. 무엇인가 마주할 수 있다는 것은 제대로 그것을 바라보고 통찰한다는 뜻을 담고 있기에 나아갈 수 있는 여지를 마련해준다. 이 마주함이란 단어가 가장 빛이 났었던 책이 있었다. 베스트셀러에 올랐던 책인데 책의 제목을 듣고 처음 들었던 생각은 우리가 '미움'이라는 단어를 마주할 용기가 있는가에 대한 것이었다. 대체로 우리는 미움이라는 단어를 부정적으로 사용하곤 한다. 이 글을 읽는 독자는 부정을 마주할 수 있는 용기가 있을까?

 30대 직장인이 상담에 찾아왔다. 예전부터 책임감이 강했다고 이야기하는 내담자는 어떤 일을 처리할 때 자신의 손이 닿지 않으면 신뢰가 가지 않고 불안한 느낌이 들었다고 한다. 처음에는 한 가지씩 처리하며 살아가는 삶에서 책임감이 있다라는 말을 들으며 인정도 받았고, 학업 성적도 여기까지는 꼭 해야한다라는 생각이 들어 하다보니 우수한 성적을 성취했다고 한다. 탄탄대로의 길을 나아가며 나름 성공한 삶을 이룬 것 같다고 표현했다. 그렇게 삶을 살아가다보니 어느덧 성인이 되어 책임을 질 일들이 많아졌다고 한다. 하면 좋을 것 같은 일들이 자신은 처리 할 수 있을 것 같아 '해야만 한다.'라고 변해갔고 그런 상황들이 많아지자 통제하기 어려운 상황에 도달했다고 한다. 그렇게 '아무것도 하고 싶지 않다.'라는 생각에 갇혀 주말에는 집에서 침대에 하루종일 누워 시간을 보냈다고 한다. 문득 돌아보니 예전에 활발하게 친구들하고 지내며, 자신의 커리어를 위해 학원을 다니며 분출했던 에너지가 그립기도 하고 지금의 모습과 너무 차이가 느껴져 자기 모습이 싫어졌다고 한다. 해야만 하는 일만 처리하는 것도 벅찬데, 새로운 일들은 스트레스로 다가왔고, 일시적인 스트레스를 해소하기 위한 방법으로 술과 담배를 하며 이러면 안되는데 라고 생각하면서도 악순환의 고리에서 벗어나지 못했다고 한다.

'must를 should로 바꿀 수 있을까?'

누군가에게 넌 아침마다 반드시, 꼭 걷기를 해야한다와 하면 좋을 것 같다. 라는 두 가지를 비교했을 때 심리적 부담감을 주는 쪽은 어떤 쪽일까? 아마 '꼭' 해야 하는 쪽일 것이다. 작심삼일이라는 말이 있는 것처럼 우리는 흔들리는 존재이다. 반드시 해야 한다는 말은 어떻게 보면 그것을 지키기 위한 에너지를 끊임없이 투여한다는 말과 같다. 처음에는 의욕에 가득 찬 마음으로 나와의 약속을 지키기 위해 노력했던 것들이 다른 중요한 부분들이 생기다 보면 전략을 수정해야 할 시기가 다가온다. 그렇게 지키지 못하는 상황들이 생기는 것이다.

중요하지 않은 약속이 어디 있겠느냐마는 자신의 마음이 부러질 정도로 지켜야 할 약속은 없다. 하면 좋은 것이다. 라고 생각하며 흔들려도(실패해도) 괜찮다라고 강박에서 벗어나보는 것은 어떨까? 조금 더 삶의 여유가 생기면서 인생에 있어 단거리 달리기가 아닌 장거리 마라톤의 자세로 페이스 조절에 도움이 될 것이다.

'스트레스를 해소하기 위한 가성비?'

누군가에게 너의 스트레스 해소방법은 무엇인가? 라고 물어보면 다양한 대답을 들을 수 있다. 대표적으로 친구들 만나기라던가, 게임, 낚시, 맛있는 것 먹기 등이 있다. 하지만 지금까지 대답들은 약속을 잡기 위한 많은 에너지와 시간, 비용을 소모한다. 그렇게 우리는 가장 쉬운 방법으로 음주와 흡연과 같이 즉각적인 보상이 이뤄지는 매개를 활용한다. 건강을 배제한 채로 어떻게 보면 가장 저렴한 비용과 즉각적인 시간을 소모하기 때문이다. 모든지 적당한게 좋다고하지 않았던가, 위 방법에 익숙해진 우리는 중독이라는 악순환의 고리에서 벗어나기 힘들어한다. 그리고 중독의 특성상 수많은 실패와 비난이 함께한다. 즉각적인 보상에 익숙해진 우리가 느린 보상에 만족하는 과정은 수많은 흔들림이 함께할 것이다. 이때 가장 중요한 건, 한 번의 흔들림에 주저앉지는 말자는 것이다. 상담을 하다보면 must라는 강박에 갇혀 중독의 굴레에 벗어나지 못한 자신의 자존감을 끊임없이 갉아먹는 것을 볼 때가 있다. 중독에 벗어나기 위해 결연한 의지를 세우며 must를 다짐했으나 실패를 경험하며 '나는 한 번 실패했으니 끝이다.'라는 마음을 굳히면서 말이다. 물론 현 상황을 옹호하거나 지지하는 것은 아니나, 재도전하지 못할 만큼 무너지는 것은 자신에게 기회조차 뺏어가는 강박이 아닐까 싶다. 흔들리며 강해지는 사람인 만큼 흔들림을 두려워하지 말자.

세상은 통제할 수 없는 것 투성이다

학업을 마치고 취업전선에 뛰어들어 취업에 성공했을 때 생애주기 전반에서 무난하게 걸어온 성공의 경험은 안정감이 되어 무엇이든 잘 해낼 수 있을 것 같은 생각을 들게 한다. 그렇게 형성된 평온함과 안정은 사랑이라는 또 다른 불확실성을 만나 이번에도 잘 해낼 수 있을 것이라 생각하지만 예상과는 다르게 '맞춰갈 수 있는 건가?'라는 생각을 하게 할 정도로 상대방에게서 다른 점을 발견한다.

  우리는 객체로서 '개인'이 중요한 시대에 살아가고 있다. 나를 표현하는 방법으로 패션을 활용하거나, 음악으로 자신을 이야기하거나 등의 방법 말이다. 이를 활용한 마케팅도 있는데 나에게 어떤 색이 어울리는지에 대한 퍼스널 컬러로 '나'를 분류한다던가

  '바디프로필'처럼 운동을 통해 내 몸을 가꾸는 행동은 과거에는 보편적으로 볼 수 없었던 현상이다. 이같은 현상은 '심리' 쪽에서도 두드러지게 나타나는데 MBTI를 통해 자신이 어떤 부류의 사람인지 알고 싶어 하고 같은 유형에게 친밀감을 느끼는 등의 보편적인 형태라던가 개개인이 어떤 사람인지 검사할 수 있는 개별검사는 인터넷에 검색만 해도 쉽게 접할 수 있을 정도로 개인은 점점 중요시해지는 것 같다.

  전 세계 흐름은 결을 같이 하는지 중국에는 '소황제'라는 말이 있다고 한다. 중국은 1979년부터 한 자

녀 정책을 시행했는데 많은 자녀가 있던 시기 분산되었던 부모님의 시선이 한 자녀에게 향하며 부모의 사랑과 과보호를 받았던 자녀가 단체 활동, 희생과 같이 손해 보는 상황을 견디지 못하고 다소 이기적으로 성장하여 마치 황제와 같다는 의미로 '소황제'라고 불린다고 한다.

그렇다면 개인이 객체로서 개성으로 다양성을 존중받는 시대에 사고의 방향이 '나'에게 있는 것이 긍정적으로 볼 수 있는 걸까? 연애를 넘어서 결혼하고 우리가 자녀를 양육할 때 '내가', '내가 할 거야'라고 이야기하며 자아가 형성되는 아이들을 보면 우리가 무엇을 통제해야 하는가에 대한 시사점을 제공한다.

40대 여성이 자녀 양육에 대한 스트레스와 우울로 상담에 찾아왔다. 성공한 커리어 우먼으로 스펙을 쌓아가던 내담자는 자녀를 출산하고도 양육과 병행하며 일을 놓지 않았고 나름 자리를 잡으며 '성공'의 경험을 쌓아갔다고 한다. 자녀가 갑자기 아프거나 어린이집에 가야 하는 예상하지 못한 돌발상황들도 있었으나 시간을 잠시 비우는 것이 가능한 직장이기에 큰 문제는 없었다고 한다. 문제는 자녀가 학령기에 들어갈 때쯤부터 시작되었다고 한다. 미운 7살이라고 했던가, 공부해야 하는 범위나 숙제가 있으면 계속해서 미루고 스마트폰만 들여다보는 자녀를 보면서 처음에는 강제로 스마트폰을 뺏어보거나 혼을 내는 등의 대처를 했지만 오히려 자녀는 화를 내며 떼를 쓰는 등의 모습을 보였다고 한다. 조금 더 커서는 성격에 차이를 보이는 것 같았고 자신은 도저히 이해되지 않았다고 한다. 자신은 당면한 일을 미뤄본 적이 없고 집에 있는 것을 좋아하며 항상 엇나감 없이 커왔던 것 같은데, 자녀는 밖에 나가 사람들과 어울리는 것을 좋아하고 문제 상황이 자신에게 당면했을 때 부랴부랴

처리하는 것을 이해할 수가 없었다고 한다.

　위 사례는 어쩌면 '자녀가 어찌 내 마음대로 되겠냐', '자식 이기는 부모 있나'라는 말이 있을 정도로 우리가 흔히 경험할 수 있는 사례이다. 위 사례에서 어려움을 경험 했던 것은 나와 타인을 분리하지 못했던 것에 있다. 즉, 시선의 중심이 나에게 있었다는 말이다. '나'와 '너'를 둘러싼 '우리'라는 세 가지 분류로 큰 원을 나눈다면 나와 너를 분리하지 못하고 교집합에 있거나 세 분류를 구분하지 못하고 모두 내 안에 놓은 상황이라고 볼 수 있다. 이때 '나'는 상대방을 통제하고 조절하려고 노력하지만, 내 통제권 밖에 있는 상황을 조절할 수는 없다.

　예시로 공부를 열심히 해서 좋은 대학에 들어가기를 기대하는 어머니가 있다고 가정해보자. 이때, 자녀의 성공을 위해 과외도 시켜보고 학원도 보내며 전폭적인 지원도 함께했지만 실제로 공부하는 것은 자녀이기에 '열심히' 하는 것과 '결과'는 내가 통제할 수 없는 범위이다. 수업 시간에 집중하고 있는지 다른 생각을 하는 것은 아닌지와 같이 내가 알 수 없는 상황을 통제하려 힘을 쏟는 것만큼 무의미한 것은 없다.

'나는 나고 너는 너야.'

이럴 때 필요한 건 나와 타인의 분리이다. A4 사이즈의 종이에 큰 원을 그려 중심에 '나'를 적어보고 내가 통제할 수 있는 것과 통제할 수 없는 것을 구분하는 것이다. 내가 통제할 수 없는 것은 '희망 사항'이 된다. 이런 희망 사항들을 얼마나 조율할 수 있는가가 우리의 삶의 만족감을 올리고 카타르시스를 경험하게 할 것이다.

조금이나마 이 과정에 도움을 줄 수 있는 건 '대화

의 필요성'이다. 예를 들어 배가 고파 빵을 먹고 싶은 사람이 있다고 가정해보자. 이 사람은 빵을 구하기 위해 일을 하거나 심지어는 직접 빵을 만드는 정성을 들일 것이다. 이렇게 우리의 욕구는 표현된다. 상대방의 필요성이 나의 희망 사항과 교집합이 될 때 그 바람은 조율될 수 있다. 다시 돌아와 자녀가 만약 '어떤 꿈과 목표'가 있어 그 과정에 공부라는 노력이 필요하다면 통제하지 않아도 조율이 될 수 있다는 것으로 적용할 수 있을 것이다.

하지만 무엇보다 중요한 건 상대방을 바라보기보다 내가 통제할 수 있는 것에 대해 집중하며 '성공'의 경험을 쌓아가는 건 어떨까. 하루 만 보 걷기, 미라클 모닝처럼 말이다.

강점을 볼 수 있는 양면성의 눈을 갖자

 앞선 주제에서 자녀와 통제의 범위를 구분하는 것을 이야기했다면, 이번에는 자녀를 양육하는 '나'라는 사람을 살펴보고자 한다. 아이를 가진 부모님들의 한결같이 공통된 마음은 '건강하게 태어나다오.'라는 말일 것이다. 그렇게 자녀가 태어나고 우리는 좋은 부모가 되고자 한다. 그렇다면 이 글을 읽는 독자들이 생각하는 좋은 부모는 어떤 부모일까? 인생의 나침반이 되어 주는 부모, 자녀가 하고 싶은 것을 전폭적으로 지지해줄 수 있는 부모, 삶의 태도와 자세를 알려주는 부모와 같이 다양한 부모의 상이 혼재한다. 부모님도 처음이기에 미숙하고 아쉬운 점이 있기 마련이다. 자녀가 몸이 아프거나, 맛있는 것을 마음껏 사주지 못할 때 등 모두가 내 탓인 것처럼 '부모는 죄인'이 된다. 우리는 한없이 많은 부분을 자녀에게 희생이라는 명목으로 양보하고 있지만 내가 주고 있는 것이 부족해 보이는 것은 어쩔 수 없는 부모의 마음인가보다.

정신분석용어에서 충분히 좋은 어머니(Good Enough Mother)라고 명명되는 단어가 있다. 태어나 아직 언어 사용이 미숙한 유아가 어려움이 있을 때 주로 사용하는 방법은 표정과 눈물, 울음 등의 방법으로 제한될 것이다. 이때 충분히 좋은 어머니는 유아의 어려움을 도와주며 최대한 편안한 환경을 제공하고 아이의 표현에 반응하며 지지하는 어머니이다. 불편함,

좌절, 상실, 분리 등의 욕구에 아이의 울타리가 되어 공감하는 태도로 든든한 지지목이 되어 주는 과정이라 할 수 있다. 이런 환경에서 아이는 안정감을 경험하며 능동적으로 자신의 정체성을 형성해 나간다.

그렇다면 학령기의 아이에게 충분히 좋은 어머니는 어떤 어머니일까? 자녀의 학령기는 환경이 변하면서 ADHD, 틱, 부적응 등의 정신건강의 어려움이 나타날 수 있는 시기이다.

40대 여성이 아이와 함께 상담에 찾아왔다. 아이는 초등학교 1학년에 입학하여 정서행동특성검사를 진행하고 위험군으로 평가되어 상담에 연계되었다. 아이는 수업시간에 집중하지 못하고 뒤로 나가 돌아다니며 수업을 방해한다고 하며 담임선생님의 이야기에 잠시 안정될 뿐 다시금 집중하지 못하였다. 아이는 지속적인 '그만', '안돼' 라는 말에 상처를 입었는지 거절의 경험에 위축이 되어갔다고 한다. 그래도 아이가 좋아하는 활동에는 곧잘 집중해서 수행하는 모습을 보였기에 특별히 문제가 된다고 생각은 하지 않았다고 한다. 아이의 안전을 위해 핸드폰을 사주게 되면서 갈등이 시작되었고, 문제라는 인식을 하게 되었다고 한다. 집에서는 핸드폰을 너무 많이해서 숙제를 미루기 시작했고 '나중에 할게요.', '밤에 할게요.'와 같이 자신이 흥미가 있는 부분에만 에너지를 쏟는 경향을 보였다고 한다. 최근에는 친구들과 말다툼에서 주먹다짐을 하는 일들이 많아지며 교우관계에도 어려움이 생겼다고 한다.

위 아이가 보이는 모습에는 아이니까, 당연히 좋아하는 것에 흥미를 느끼고 노는 게 더 좋다고 생각할 수 있다. 다만, 일상생활에 영향을 주고 있는 모습들(수업 시간, 교우관계, 핸드폰 등)이 관찰되는데 이는

ADHD(Attention Deficit Hyperactivity Disorder)의 모습을 보인다고 할 수 있다. Disorder(장애/질환) 라는 말이 무겁게 다가 수 있다. 다만, 치료를 충분히 할 수 있는 부분으로 어려움에 대한 이해가 선행되었을 때 더 좋은 결과를 기대할 수 있을 것이다.

부모는 아이의 정신건강 어려움을 어떻게 마주할 수 있을까? 아이들이 내 마음에 따라주지 않을 때, 아이가 잘못을 반복해서 답답할 때 속상한 마음에 화를 내곤 한다. 이럴 때 가장 유용한 단어가 '역지사지'가 아닐까 싶다. 아이 스스로도 집중하고 조절하려 노력하지만 잘되지 않는 부분이 얼마나 답답할까. 스스로 위축되고, 부정적 경험을 계속 쌓을 뿐이라는 것을 이해하는 것이 선행이 아닐까 싶다.

우리가 아이를 문제적 시선으로 볼 때 아이는 질병의 카테고리에 속하게 된다. 하지만 이런 관점은 아이의 잠재력을 반영하지 않은 편향적 시선일 수 있다.

다양한 자극에 시선이 가기 때문에 이를 호기심으로 잘 발달을 유도할 수 있고, 과잉행동은 넘치는 에너지로 유도하여 잠재력을 끌어낼 수도 있다. 이런 시각은 ADHD를 경험한 인물을 살펴보며 장점을 잘 살린 결과를 볼 수 있는데 과학 분야, 정치 분야, 연기 분야, 운동 분야 등 일정 이상의 성취를 이뤄낸 인물들이 다수 있다.

질병의 관점이라면 이들은 모두 문제가 있는 모습이어야 할 텐데, 어떻게 인생의 발자취를 남길 수 있었을까? 과학에는 호기심이 필요하고, 정치와 연기에는 과감한 도전이, 운동에는 넘치는 에너지가 필요하다. 그렇게 우리는 양면성을 볼 수 있다.

'그렇게 한 행동보다 그렇게 한 이유를 묻자.'

어떤 행동을 할 때의 기반은 생각이고 그렇게 생각

하게 된 연유가 있다. 예를들어 배고픈 상황이 연유라고 본다면, 라면을 먹을까라고 생각하게 되고, 라면을 끓이는 행동을 가져가는 것이다. 우리가 라면을 끓이는 행동에만 집중하는 건 나타난 결과에만 집중한다는 뜻과 같다. 생애주기 인생관이 계속해서 변해갈 수 있는 인간이라면, 내 생각과 다른 방향의 양면성을 들여다보는 건 어떨까?

무슨 의미를 부여하나, 최선을 다해서 살아가는 거지

생애주기를 기반으로 본 가변하는 인생관에서 질풍과 감정의 다채로움이라는 청소년기와 청년기를 지나 삶의 중반기에 다다랐을 때, 삶의 중반이 아니더라도 반복되는 일상에 '?' 라는 의문을 제기할 수 있을 때 '나는 무엇을 위해 살아가는가?'라는 내면에 질문을 하곤 한다.

취업해서 반복적으로 출퇴근하는 삶은 마치 쳇바퀴

를 반복해서 도는 햄스터와 같다. 직장 내 실수로 타박받고 있자면, 한없이 작아지는 내 모습에 어깨가 내려앉는 듯한 기분마저 든다. 책임감이라는 무게에 어깨를 잠시 들어 보지만 육아가 주는 기쁨 이면에 퇴근 후 육아로의 재출근은 남은 에너지를 끌어내 지쳐 잠에 들게 한다.

꿈 많던 젊은 시기가 지나 그렇게 하루하루 지나다 보면 함께 뛰놀던 친구들도 다들 바빠 자주 못 보게 되고, 인간관계는 주변인으로 한정된다. 오랜만에 만난 친구들과의 자리에서 학창 시절 받았던 성적표는 아니지만 내가 어떻게 살아왔는가에 대한 삶의 성적표를 마주하게 된다. 사회적 직위와 같은 직업적 성취라던가, 내 집 마련이라는 재산상의 성공이라던가, 자녀의 학원과 유학과 관련된 지원이라던가, 듣고 싶지 않아도 이미 내 주변 일상이 되어버린 삶을 공유하다 보면 무엇인가 방향을 잃은 것 같다.

침울한 표정으로 상담에 온 40대 내담자가 있었다. 자신이 여기까지 오게 될 줄 몰랐다며 상담을 망설이는 모습을 보였지만 이내 자리에 앉아 침묵으로 대화를 시작했다. 무엇을 이야기해야 할지 몰라 한참을 고민하던 내담자는 차분하게 자신의 상황을 설명했다. 어린 시절 부모님의 기대에 따라 열심히 살았고, 누구보다 치열하게 20대와 30대를 보냈다고 한다. 삶에 정해진 길이 있다면 샛길로 빠지는 일탈을 경험하지 않았다고 정말 열심히 살았다며 자부하는 내담자는 이름만 들어도 아는 기업에 취업했고 결혼해서 자녀도 슬하에 2명을 두었다. '평범한', '보통의 삶'이라고 생각했던 삶의 균열은 친구들과의 만남부터 시작이었다. 나보다 노력하지 않았다고 생각했던 친구는 개인사업으로 나보다 이룬 성취가 많은 것처럼 보였고, 자기 삶과 꿈의 목표를 열심히 이야기하는 친구의 표정은 생기가 있어 보였다. 그렇게 반복되는 자신의 일상은 볼품이 없어 보였고 "나는 무엇을 위해 살지?"라는 의문이 시작되었다.

의문이라는 씨앗은 좌절이라는 새싹을 틔웠다. 좌절을 경험했을 때 좋은 이야기라던가, 위인들의 위로가 되는 명언도 열심히 읽어보았지만 모든 이야기가 삶이 채색되어 있는 사람들의 기만인 것 같아 마음에 와닿지는 않았다. 마치 망망대해에 목적 없이 떠 있는 나룻배와 같은 기분이 계속되었다.

'방향을 잃어버린 것은 나를 잃어버린 것.'

남아메리카에 살고 있는 병정개미는 시각이 좋지 않아 후각과 촉각을 통해 의사소통을 한다. 그렇기에 앞선 개미의 페로몬을 따라 방향을 설정해 이동하게 되는데, 가장 앞에 있는 개미가 방향을 잘못 정해

행렬의 마지막 개미의 뒤를 따라가게 되면 문제가 발생한다. 마치 동그란 원과 같다고 하여 '죽음의 나선', '엔트밀' 이라고 불리는데 단순하게 방향을 바꾸면 될 것 같지만 맹목적으로 앞을 바라보며 나아간 개미들은 회전에서 벗어나지 못한다.

우리의 삶도 마치 누군가 정해놓은 길을 따르는 듯하다. 이 시기에는 이것을 해야 하고, 저 시기에는 저것을 해야 하고 이 길에서 벗어나면 주변인들의 걱정을 한 몸에 받는다. 우리가 병정개미와 다른 점은 같은 길을 걷더라도 '나'라는 주체성을 중심으로 방향을 선택할 수 있다는 것이다. 주변인들은 나를 소중하게 생각하는 것만큼 나를 걱정하고 나 또한 뒤흔들릴 수 있다. 주변인들의 걱정 속에서 스스로가 흔들리지 않는 방법은 헤맬 수 있어도 나를 잃지 않는 것이다.

이때 가장 좋은 방법은 나를 위한 시간을 가지는 것이나, 현실에서 책임감을 벗어던지고 삶의 주체성을 갖는 것에는 어려움이 따른다.

'모든 것에 의미를 부여할 수는 없다.'

　나를 위한 시간이 부족한 만큼 선택과 집중이 필요하다. 내가 좋아하는 음식을 만들어 먹는다던가, 내가 좋아하는 활동을 가족과 함께해본다던가, 조율을 통해 나만의 시간을 만들어보는 것처럼 현실과의 타협 속에서 내가 할 수 있는 최대한의 '나'를 찾는 것이다.

　어린 시절 "넌 꿈이 뭐야."라고 했을 때 아이들의 답을 보면 경찰, 과학자, 소방관, 선생님 등 다양하게 나뉘어 있다. 우리는 그 모습을 흐뭇하게 바라보지만, 문득 꿈을 잃은 자신을 발견한다. 옆에 있는 사람에게 '넌 왜 살아.'라고 한다면 '그냥 살아'라는 답변이 가장 많을 것이다. 우리는 그저 하루를 열심히 살아간다. 어쩌면 생각할 여지와 책임감이 커진 어른들이 살기 위해 선택한 것이 의미를 부여하지 않는 것일 수 있다.

모든 것에 의미를 부여하다 보면 내면의 에너지가 고갈될 수 있다. 피로감에 신체적 피로감과 정신적 피로감이 있는 것처럼 우리는 각자 내면에 무형의 에너지를 갖고 살아간다. 한정된 에너지를 최선으로 사용하기 위해 우리가 당면한 과제에 대처할 수 있는 자세는 주체성을 잃지 않되 의미를 부여하지 않고 그저 최선을 다해 살아가는 것이다.

잘 우는 게 건강한 것이니
어른도 울 수 있다

 백화점, 놀이공원, 카페, 식당 등 우리가 흔하게 접하는 공공장소에서 아이의 울음소리를 들었던 경험이 누구나 한 번쯤은 있을 것이다. 자, 이제 눈을 감고 생각해볼 시간이다. 글을 읽는 독자 중 나이가 있는 어른이 우는 것을 가장 최근 언제 보았는가? 그 상황에서 눈물을 이내 꾹 참고 속으로 삼키는 사람이 있지는 않았는가? 그리고 혹시 그게 나 자신은 아니었을까.

우리는 어쩌면 어른이 되는 과정이 눈물이 없어지는 것인가라는 생각이 들 정도로 눈물에 박한 사회에서 살고 있다. 최근에는 조금은 감정을 풀어내는 것이 건강하다는 이야기가 있고, 화성에 T.T.ZONE이라는 울 수 있는 울음방이 있지만 눈물을 마주하는 것은 요원하기만 하다.

라면 광고에서 남자는 세 번 우는 것이다. 라는 말로 머리에 각인되는 효과적인 광고를 했던 적이 있다. 어린 시절 그 광고를 보았을 때 '나는 몇 번을 울었을까'에 대해 자연스럽게 생각했었는데, 지금 생각하면 당시의 시대상을 잘 보여주는 광고가 아닐까 싶다. '남자는 세 번 우는 것이다'의 원래 의미는 첫 번째로 태어날 때, 두 번째로 부모님이 돌아가셨을 때, 세 번째로 나라를 잃었을 때라고 한다. 그만큼 시대상은 눈물을 감정에서 밀어내는 것에 초점을 맞췄던 것 같다.

슬픈 영화나 드라마를 보면서도 억지로 입술을 꽉

깨물고 참았던 경험이 무릇 남성이라면 한 번쯤은 있을 것이다. 소중하게 생각하는 사람을 떠나보내는 사별을 경험하면서도 '어머니는 강해야 한다.'라는 말로 억지로 감정을 억누르는 여성도 있다. 성별을 나누어 예시를 들었지만, 성별을 떠나서 우리는 모두 감정을 억누르는 것에는 익숙하지만 그것을 적절하게 표현하며 풀어내는 것에는 미숙하다.

직장에서의 업무 스트레스와 잦은 야근으로 어려움을 호소하던 내담자가 상담에 찾아왔었다. 몇 년 전 지병이 있던 아내를 사별한 뒤 '바쁘게 살다 보면 괜찮겠지!'라는 생각으로 더욱 일에 매진하며 사회적 성취를 이뤘다. 하지만, 마음 한쪽에 공허함이 공존했고 이내 우울한 감정이 일었다. 자신이 흔들리는 모습을 보이면 주변 친구들을 걱정시킬 것 같은 생각에 자신의 감정을 숨겨놓고 항상 밝은 모습을 보이려 애썼다.

퇴근 후 혼자 마시던 술 한잔은 어느덧 조금씩 늘어 술을 마시지 않고는 잠에 들지 못하게 되었다. 사건은 아내의 기일이 다가오면서 발생했다. 식욕도 없고 잠에 들지 못하던 내담자는 두통과 소화불량까지 경험하게 되었다. 다소 예민한 상태에서 직원의 사소한 실수에 크게 화를 내던 중 갑자기 감정이 올라와 흐르는 눈물에 당황하며 언제부터 내가 힘이 들었는지 살펴보는 계기가 되었다고 한다.

'잘 우는 게 건강한 것이다.'

이와 비슷한 말로 우리가 익숙하게 알고 있는 단어가 있다. '우는 게 지는 것이다.'라는 말인데 울어도 눈치를 조금 덜 볼 수 있는 어린 나이에도 감정을 억누르는 걸 학습해온 우리가 '눈물'을 마주하는 단어는 '나약함'이다. 그렇게 감정에 메마르고 표현하기 어려워하는 성장기를 거쳐 비로소 어른이 되었지만, 책임감이 부여되어 감정을 누르는 것이 더욱 가속화되었다. 마치 러시아의 마트료시카 인형처럼 덧씌워지고 또 덧씌여질 뿐이다.

우리나라 자살통계로 성공률을 보자면 중년 남성이 특히 취약한 모습을 보인다. 상담에 적극적이지 않을 뿐만 아니라 업무에 치여 마치 그림자에 숨어 있는 검은 빛을 찾듯 관계의 연결보다 괴로움의 감정을 술과 같은 의존의 방법으로 해결하는 모습이 있다.

'세상에 필요하지 않은 감정은 없다.'라는 말처럼 우리가 울었을 때 느끼는 가슴 속 시원한 느낌을 경험한 적이 있다면 조금은 눈물에 관대해져 보는 것이 어떨까?

적절하게 감정을 갈무리하는 것만이 어른이 아니라, 적절하게 눈물을 흘릴 줄 아는 사람이 우리가 그토록 바라는 진정한 어른이라 생각하면서 말이다.

쓸모와 무쓸모는 정하기 나름이다

바쁘고, 빠르게 지니온 생애주기의 자서전 노년기에 다다랐다. 사람들은 은퇴하면 이렇게 살아야지, 저렇게 살아야지라고 한껏 꿈을 펼치며 살아간다. 계절은 눈 깜짝할 사이에 지나가 1년이 가고, 또 그렇게 1년이 반복된다. 그렇게 우리는 '은퇴'를 한다.

요즈음에는 미래에 관한 생각과 걱정이 많다 보니 노인의 4고에(경제적 어려움, 건강의 어려움, 외로움과 소외의 어려움, 사회적 역할이 없는 어려움) 대한 대책을 많이 준비한다고 한다. 하지만 세상에 완벽한 준비는 없다고 했던가 전 연령대에서 우울감과 자살률은 특징적인 모습을 보이지만 노인의 자살률 역시 OECD 국가 중 1위에 자리 잡고 있다.

우울증 척도 검사 도구 중 SGDS-K 라는 척도가 있다. 흔히, 노인우울검사라고 불리는데 항목 중 '나는 쓸모가 있을까'라는 어투의 질문이 있다. 우리는 '완생'을 그리며 휴가를 통해 쉼표를 찍고 하루하루를 버텨나간다. 혹은 로또복권에 당첨되어 퇴사를 꿈꾸는 미래를 그리지만 아이러니하게도 내 역할이 없어진 노년기에 '나의 쓸모'에 큰 의미를 둔다.

가족을 위해 열심히 살았지만, 은퇴하고 놀림을 받는 '삼식이', '사식이' 라던가, 일과 양육을 동시에 하면서 슈퍼우먼이라 불렸지만, 하나 둘 씩 늘어가는 지병에 먹는 약은 늘어 '약으로도 배부를 정도'라는 우스갯소리를 할 정도이다. 그렇게 이제는 자녀에게 짐이 되는 듯한 기분은 지울 수가 없다고 한다.

파이를 키워나가는 고성장의 시대가 지나 이제 파이를 나누고 있는 시대에서 한정된 자원은 세대 간 혐오로 이어지고 있다. 한정된 자원을 겨루는 시점에서 자신의 쓸모를 증명해야 하고 그렇지 못한 노년기를 보내는 사람들에게 우리의 시선은 차갑디차갑다. 그렇게 존중을 잃어버린 노년기는 설 자리를 점차 잃어가는 듯하다. 그렇다면 우리는 어디에 서 있어야 하는 것일까?

70대 남성이 퇴직 후 집에서 지내며 할 것이 없어 우울감을 느낀다며 상담에 찾아왔다. 오랜 기간 일을 하고 퇴직하니 연금이 있어 경제적으로는 풍족하지 않아도 배를 곯지 않아 생활에는 문제가 없었다고 한다. 다만, 집에 있는 시간이 많아지면서 가족 간 갈등도 많아지는 것 같고 예전만큼 자신의 이야기를 들어

주는 것 같지 않다며 '이게 모두 내가 돈을 못 벌어서 그렇다.'라고 생각이 들었다고 한다. 가족이 모여 대화하다 보면 자신이 소외되는 기분을 느끼게 되었다고 하고 친구들과 이야기할 때도 이 내용들을 공감하는 것으로 보아 혼자만이 느끼는 감정은 아닌 것 같다고 한다. 퇴직 초기에는 여행이나 취미 활동을 적극적으로 하면서 행복한 시간을 보냈지만, 몸이 점차 안 좋아져 먹는 약도 많아지고 멀리 나가는 게 어려워졌다. 그렇게 집에서 TV를 보는 시간이 많아졌고, 처음에는 흥미로운 프로그램들이 많았으나 같은 내용에 재미가 없어 흥미를 잃었다고 한다. 밤잠이 없어져 침대에 누워 있다 보면 예전에 자신이 회사에서 인정받으며 지냈던 기억이 떠올라 현실과 다른 지금의 모습이 괴로웠다고 한다. 그렇게 잠에 들지 못하는 날이 많아졌고 예민해지면서 가족 내 갈등이 더욱 심화되었다.

'쓸모는 생각하기 나름이다.'

내가 처한 현실에서 할 수 있는 것보다, 마음과 다르게 하지 못하는 것이 많아지는 시기이다. 이 간극을 머리로는 이해하지만, 받아들이는 건 다른 이야기와 같다. 하지만, 과거부터 기대해온 나에게 주어진 이 자유시간을 활용하는 방법이 사회에 구성원으로서 크나큰 생산적인 업무를 기대한다면 더욱 상실감은 크게 다가올 수밖에 없다. 이제는 조금은 쉬어도 되는 시점이다. 나에게 주어진 자유시간을 사회에 조금의 이바지를 할 수 있다면 나에게 큰 행복으로 받아들일 수 있도록 '즐겨도 되는 시간'이 온 것이다.

'과거의 나와 겨루지 말자.'

'과거의 나'에 기준을 두어 겨루려고 하는 것은 언제나 질 수밖에 없는 싸움이다. 과거의 영광을 그리는 순간은 내가 생각했을 때 나 스스로가 가장 멋있었던 순간이기 때문이다. 그렇게 나는 쓸모없는 사람이 되어간다. 나 스스로가 무쓸모하다고 정하는 순간은 마지막 자존감의 보를 무너트려 우울감이 흘러넘쳐 들어오는 행동이 아닐까 싶다. 내가 가진 경험과 장점들을 활용할 수 있는 방법이 있고, 내가 살아온 인생 모두가 영화와 같다.

최근 노인복지관에서는 단순 쓰레기를 줍는 미화활동에서 '노노카페'와 같은 바리스타를 양성하거나 '이야기 할머니'처럼 아이들에게 재미있는 이야기를 해주는 활동과 같이 가지고 있는 장점을 조금 더 활용할 수 있도록 지원한다고 한다.

이제는 과거의 나를 정리하며 기록할 때이다. 그렇게 천천히 현재의 나를 바라보자. 그리고 먼 미래가 아닌 내일, 일주일의 내가 행복할 수 있도록 '무엇을 하며 즐길 수 있을까'에 대해 행복한 고민을 할 수 있는 자유시간을 누리기를 바란다.

마치며

  이렇게 우리는 생애주기에 따른 인생관을 살펴보았다. 각 생애주기에 따라 어떤 인생관은 공감이 될 수도, 어떤 인생관은 이견이 있을 수 있다. 그 이유는 우리가 모두 같은 경험을 하지 않기 때문이다. 우리는 모두 다른 상황에서 다른 경험을 하고 그 경험을 양분 삼아 자신만의 인생관을 형성해 나간다. 어떻게 보면 우리에게 주어진 역경을 헤쳐 나가는 과정에서 성장한다고 볼 수 있다.

어린 시절 친구와 다툼을 해본 적이 있을 것이다. 그것이 말싸움이던, 몸으로 하는 거친 싸움이던 상관 없이 말이다. 내가 크게 잘못을 하지 않은 것 같은데, 잠에 들기 전 '이 말은 꼭 했어야 하는데'라며 후회를 할 수도 있고, '이 말은 잘한 것 같아.' 라며 자신의 행동에 당위성을 부여할 수도 있다. 그렇게 고민하고 또 고민하면서 싸움 후 관계를 회복하거나 혹은 단절하게 된다. 다툼 속에서 우리는 '사람과 사람 간의 연결'을 알아간다. 이 글을 읽는 독자들은 먼저 사과를 하는 편일까? 아니면 상대방의 사과를 기다리는 편일까? 어떤 문제 상황을 해결해 나가는 과정에서 '인간관계'에 대한 자신만의 인생관이 형성될 것이다.

우리는 모두 첫 인생을 살아간다. 그렇기에 완벽하지 않은 인생 속에서 인간다운 실수를 반복하며 조금씩 성장해 나간다. 살아가며 어떤 상황에 대해 한 가지 인생관을 설정했다고 해서 평생 그 인생관이 유효한 것은 아니다. 내가 힘든 상황에 처했을 때 나에게 진정으로 와 닿는 명언이나 인생관이 그 시기를 이겨내는 데에 도움이 될 수 있다. 마치, 이별 후 이별노래가 자신의 이야기처럼 가슴 깊이 와닿는 것처럼 모든 인생관을 들여다보며 그 시기를 이겨낼 수 있는 성장을 하기를 진정으로 바라본다.

Chapter 2

인생이 나만의 철학을 만든다

이현주 작가

경험하는 모든 순간이
나의 인생관이 된다

경험이란 살면서 실제로 해보거나 겪은 일을 말한다. 거기에서 얻은 지식이나 기능까지 모든 것을 통틀어 이르는 말이기도 하다. 생을 부여받은 우리 인간은 경험을 거부할 수 없으며, 살아가는 동안 오감이 전해주는 모든 것을 받아들일 수밖에 없다. 경험은 삶에서 매우 중요한 역할을 한다. 흐르는 삶 속에서 겪은 일들이 하나둘 쌓이고 그때마다 자기 나름의 해석을 거쳐 인생관이 만들어진다. 즉 경험을 어떻게 받아들이고, 그 경험으로부터 무엇을 배우며, 어떤 태도로 살아가야 할지 선택하는 과정을 통해 인생관이 형성된다. 나이를 먹어감에 따라 경험의 폭도 넓어지기 때문에 인생관은 변할 수밖에 없다. 어떤 일을 겪을 때마다 하나씩 얻게 되는 깨달음이 단번에 가치관을 바꿔버리기도 한다. 경험과 인생관은 서로 영향을 주고받는다. 내 경험에 비춰보자면 나는 의료 현장에서 간호사로 일하며 직면한 삶과 죽음을 통해 삶의 유한함을 느꼈다. 그 이후로 한 번 사는 인생 나답게, 하고 싶은 일 하면서, 후회 없이 살아야겠다고 다짐했었다. 이 생각은 지금까지도 삶의 면면에 영향을 주고 있다. 또한 결혼 후 아이를 낳고 육아와 직장 일을 겸하며 내 삶도 중요하지만, 나의 희생으로 지켜줄 수 있는 누군가의 삶이 있다는 것에 크게 감탄했었다.

경험이 쌓일수록 인생관은 깊어지고 어떤 인생관을

가지고 살아가느냐에 따라 경험을 해석하는 방식도 달라진다. 어릴 적엔 돈을 많이 벌어서 좋은 집과 고급 차를 소유하는 것이 성공이라 믿었다면, 지금은 삶에서 중요한 것이 물질적인 것이 전부가 아니라는 것을 깨닫는 것처럼 말이다. 생에 전반에 걸쳐 일어나는 모든 것은 인생관이 된다. 좋았던 경험이든, 나빴던 경험이든 그 나름의 의미를 지니고 있다. 우리는 그 상황들을 밀어내려 하기보다 어떻게 하면 인생에 잘 적용하여 제대로 활용해 볼 수 있을지 고민해 보는 시간이 필요하다.

우리가 태어난 환경은 스스로 선택한 것이 아니다. 그러나 어릴 적 경험이 살아가는 데 큰 영향을 미친다. 나 역시 그렇다. 내가 지켜본 농사는 사람의 힘으로만 완성되는 것이 아니었다. 그해 날씨가 한 해 농사를 좌지우지했다. 너무 더워도 안 되고, 비가 많이 내려 일조량이 부족해도 안 된다. 농사꾼으로서 할 수 있는 모든 것을 해놓고 난 뒤 하늘의 뜻을 기다리는 것이다. 농사는 하루 이틀에 기대하는 결과가 나오는 것이 아니기에 어느 때에 이르기까지 꾸준히 돌보며 노력과 인내의 시간을 견뎌내야 한다. 나의 부모님께서는 경북 상주에서 포도 농사를 지으신다. 부모님과 함께 산 약 20년의 생활은 '사람은 근면 성실하게 살아야 한다.'라는 인생관을 심어놓았다. 농사일에 청춘을 다 바친 부모님은 한시도 게으를 틈이 없었다. 농사를 짓기 위해 태어난 사람들처럼 동이 트기 전부터 해가 질 때까지 논과 밭을 전전하며 땀을 흘려야 했다. 철이 들기 전, 나는 그런 부모님의 모습을 보며 '절대 나는 소처럼 일하지 않을 거야.'라고 다짐했었다. 매일 흙투성이로 얼룩진 옷가지들을 보면 가슴이 쓰렸다. 나도 부모님처럼 농사지으며 살게 될까 봐 어린 마음에 두려웠던 것 같다. 가난이 대물림 되듯이 부모님의 고된 인생을 그대로 물려받게 될 것만 같았다. 할아버지를 이어 아버지께서 농사를 이어받아 살고 계시니 말이다. 부모님의 검게 그을린 구릿빛 피부 위로 흘러내리는 굵은 땀방울들이 지금도 눈앞에 선하다. 땀이 비 오듯 옷을 적셔가며 일하신 덕분에 1남 3녀의 학비도 걱정 없이 다 해결하셨다. 그때는 그것이 당연한 줄 알았는데, 결혼하고 아이를 낳아 키우다 보니 절대 그것이 당연한 것이 아님을 느낀다. 누군가의 희생 끝에 온전한 기쁨도 있었다.

간호사로 살아온 시간이 벌써 20년이 훌쩍 넘었다. 간호사는 사람의 생명과 직결되는 일을 하기 때문에 한시도 환자에게서 눈을 뗄 수 없다. 이상 징후가 나타나면 주치의에게 보고하여 신속하게 대처해야 한다. 늘 긴장과 피로의 연속이었지만 부모님의 곁에서 농사일을 도와드리며 보고, 듣고, 직접 겪은 경험 때문인지 어떠한 상황에서도 견뎌낼 수 있었다.

'내 부모님이 겪은 일에 비하며 나는 아무것도 아니다! 한여름 뙤약볕에 나가 땀 흘려가며 일하는 것도 아닌데, 지금 내가 힘든 건 별거 아니다. 다 지나간다!'

마음속으로 수십 번 되뇌며 스스로를 달랬다. 정직하게, 성실하게, 자기 일에 책임을 다한 후 통장에 입금된 돈을 처음 확인했던 날, 얼마나 감격스러웠는지 세월이 지나도 그 순간을 잊을 수 없다. 노동의 가치를 그제야 알게 되었다. 내 부모님께서는 나에게 몸으로 인생의 지혜를 가르쳐 주셨다. 땀 흘려 얻은 결과물은 절대 거짓이 없었다. 그만큼 보람과 감동도 컸다. 자연의 순리에 따르며 한 해 농사를 준비하고 돌보는 일련의 과정을 함께 하며 자연스레 세상일이 내 뜻대로 되지 않고, 인내와 끈기가 필요하다는 것을 나도 모르는 사이 몸에 체화된 것이다. 또한, 씨앗을 땅속에 심고 그것이 지면을 뚫고 올라와 튼실한 열매가 되기까지 농부는 단 한 순간도 손과 발을 게을리할 수 없다. 논과 밭을 가보면 부지런히 농부의 손과 발길이 닿은 곳은 때깔부터 다르다. 무성하게 잡초가 자라 곡식이 제대로 자라지도 익지도 못하는 곳이 있는 반면, 잡초 하나 없이 곡식이 반듯하게 자란 곳도 있으니 말이다. 작은 노력이 모이면 의미 있는 결과를 만들어낸다는 것을 터득했다. 자연을 보며 배우는 삶의 지혜는 우리 인간이 자연 앞에 얼마나 나약한 존재인지 알게 한다. 부모님과 함께 보낸 어린 시절은, 자연과 함께 삶이 순환하는 법을 익힌 시간이었다. 부모님의 농사일을 도우며 계절의 흐름을 느끼고, 각각의 계절 속에서 좋은 시기와 나쁜 시기가 반복된다는 것을 저절로 깨달았다. 몸과 자연이 함께 한 시간 속에서 익힌 경험들은 내 인생관을 확립하는 데 튼튼한 뿌리가 되었다. 삶 역시 자연과 마찬가지로 흘러가는 것이며, 그 흐름 속에서 마주하는 다행(多幸)과 불행(不幸)은 교

차적으로, 반복되어 나타난다는 것을 자연스럽게 받아들이게 되었다. 지금 내가 새벽에 일어나 글을 쓰고, 간호사의 역할까지 완수해 가며 하루를 겸허히 살아갈 수 있었던 것은, 부모님과 함께 한 시간이 크게 작용했던 덕분이다. 모든 경험에서 나름의 의미를 찾아가며 이 순간을 살아갈 수 있도록 몸소 보여주신 부모님의 삶이 지금은 신성한 성역처럼 느껴진다.

나는 한때 앙투안 드 생텍쥐페리의 《어린 왕자》 필사 이벤트에 선정되어 필사단으로 활동한 적이 있다. 어린 왕자는 내가 힘들 때마다 찾게 되는 인생 책 중 하나이다. 그 책 속에는 어린 왕자가 만나는 여러 인물이 나오는데 그중 한 사람인 전등 지기에 관해 이야기해 보고자 한다. 전등 지기는 하루에 한 번 전등을 켜고 끄는 일을 반복한다. 행성의 움직임이 빨라지면서 1분마다 전등을 켜고 꺼야 했다. 그러나 그는 그

규칙을 어길 생각조차 하지 않은 채 묵묵히 자신의 할 일을 반복하고 있었다. 그것을 본 어린 왕자는 그가 성실하다고 생각했고, 쉬지 못하고 일하고 있는 그가 안타까워 전등 지기에게 쉴 수 있는 방법을 가르쳐 준다. 그러나 전등 지기는 규칙은 규칙이라며 늘 해오던 대로 전등을 켜고 껐다. 나는 이 이야기를 읽으며 전등 지기의 인생관에 대해 생각해 보게 되었다.

그에게는 주어진 규칙을 지키는 것이 자기 삶의 전부였다. 전등을 켜고 끄는 일을 끝까지 수행해야 한다는 강한 책임감과 의무가 제대로 쉬지 못하고 있음에도 그 일을 포기할 수 없게 만들었다. 이것은 나의 삶에도 적용된다. 간호사의 임무가 고달프고 힘들게 했지만 20년의 세월을 끌고 올 수 있었던 것 역시 막중한 책임감이었다. 쉬어야 한다는 것을 알면서도 그 일을 멈추면 안 될 것 같은 불안감이 있었다. 또한, 전등 지기는 행성의 움직임이 빨라지는 상황을 맞이했지만, 그 변화를 받아들이지 않았다. 어린 왕자가 좋은 해결책을 이야기해 줘도 기존의 방식을 멈추지 않았다. 결국, 익숙함으로부터 탈출할 기회를 잃었다. 나 역시 임상에서 늘 하던 분야에 멈춰있었다. 간호사로 일생을 마감하게 될 줄 알았다. 그러나 나이 마흔이 넘어서 익숙함이 주는 악의 민낯을 알아버렸다. 당장은 편할지 모르지만, 나에게 성장이 없는 삶이었다. 정체된 삶은 퇴보만 있을 뿐이란 것을 여실히 느끼게 했다. 그리고 전등 지기는 성실하지만, 융통성이 없는 사람이다. 성실하고 책임감 있는 태도는 물론 본받을 만하지만, 변화에 유연하게 대처할 수 있는 사고도 필요하다는 것을 깨닫게 된다. 한때, 너무 일에 집중한 나머지 심신이 지쳐 있었던 적이 있다. 전등 지기는 주어진 규칙대로 살면서 자신을 돌보지 않는다. 오직 전등을 켜고 끄는 일이 전부인 양 바쁘게 살아가는 모습을 보며 지난날의 내가 떠올랐다. 직장 일이 전부인 것처럼 온 에너지를 쏟아부었던 날들이었다. 낮이든 밤이든 콜을 받으면 뛰쳐나가 내 일처럼 했다. 후배들의 어려움과 부담을 덜어주고 싶었고, 일이 잘못돼도 내가 책임을 지는 게 더 편하다고 생각했다. 그 끝에 결국 이명이 왔다. 24시간 내내 오른쪽 귀에서 삐이~ 하는 소리가 멈추지 않았다. 잠도 못 자고 남들에게 들리지 않는 소리를 들으며 병원을 찾아야 했다. 나는 깨달았다. 건강이 있어야 가족도, 일도 있다는 것을. 일과 삶의 균형을 유지할 수 있어야 한다. 제대로 쉴 줄 아는 것도 능력이고 제대로 쉬어야 더 오래 나아갈 수 있음을 잊지 말아야 한다.

부모님의 삶과《어린 왕자》속 전등 지기의 삶은 직·간접적으로 내 인생관에 영향을 미쳤다. 자연의 순리에 맞춰 매년 비슷한 과정을 반복하시는 부모님이나 일정 시간마다 전등을 켜고 끄는 일을 반복하는 전등 지기의 삶은 규칙적인 흐름을 따르고 있다. 또한, 맡은 일을 끝까지 책임지려는 태도는 하나의 중요한 가치관이 되었다. 결국, 자연이든 규칙이든 멈출 수 없는 삶의 굴레 속에 있다. 그러나 나는 이 과정에서도 아주 중요한 것을 발견했다. 부모님의 삶은 전등 지기의 삶보다 위대하다는 것이다. 자연에 순응하며 사는 삶 같지만, 그 자연에 맞서 끊임없는 도전을 한다. 태풍에 맞서기도 하고, 뜨거운 태양을 견뎌야 할 때도 있다. 그때마다 논과 밭으로 나가 농작물을 살뜰히 살핀다. 내 자식처럼 어떻게 하면 잘 키워낼지 고심한다. 융통성 없는 전등 지기와는 달리 그때의 상황에 따라 자연에 맞서 나름의 해결책을 모색한다. 때로는 계절의 흐름에 맞춰 적당히 다음 해를 위해 쉬어가기도 한다. 그 과정을 곁에서 지켜보며 꾸준함과 노력의 중요성도 배웠지만, 어느 정도의 융통성도 필요하다는 것을 깨달았다. 성인이 된 후 부모님의 품을 벗어나 독립된 삶을 꾸려가며 스스로 생각하고 선택하며 삶과 적당히 타협하며 살아가고 있다. 이 같은 인생관을 갖게 된 것은 부모님의 삶을 지켜보며 자연과 삶 사이에서 균형을 찾아가는 법 배웠기 때문이다. 이렇듯, 경험의 모든 것은 자신의 인생관을 정립하는 데 지대한 영향을 미친다는 것을 명심해야 할 것이다. 어떤 경험이 자신의 삶 속에 오더라도 그것을 어떤 식으로 해석하는가는 오직 자신의 선택에 있다.

삶은 만들어가는 것이지 발견하는 것이 아니다

비 오는 날 우산이 없어 난처한 상황이 있어 본 적이 있는가? 평소 같으면 혹여 비가 오는 날을 대비하여 여유분의 우산을 간호사실 캐비닛에 넣어두고 다닌다. 그런데 그날은 내게 그 흔한 우산 하나가 없었다. 근무를 마치고 가벼운 마음으로 병원 밖을 나서는데 비가 조금씩 내리기 시작했다. 우산을 쓰려니 애매하고, 안 쓰기엔 옷이 젖을 것 같은 얄궂은 상황에 갈등했다. 부서로 다시 돌아가 동료에게 우산을 빌려도

됐지만, 되돌아가기가 귀찮았다. 지하철역에서 10분 거리에 있는 집을 생각하니, 후딱 뛰어 들어가면 될 것 같았다. '비가 오면 빨리 뛰어서 집으로 가야겠다!'라는 생각에 무작정 지하철에 몸을 실었다. 목적지에 내려 지하철 밖을 나오니 웬걸, 비가 억수같이 쏟아지고 있었다. '어떻게 하지? 그냥 조금 귀찮아도 병원으로 돌아가서 우산을 빌리든가 해야 했는데……' 라며 뒤늦은 후회가 밀려왔다. 결국, 나는 비를 쫄딱 맞고 집으로 가게 생겼었다. 우산을 쓰고 당당하게 나를 스쳐 가는 이들이 부러웠다. 정말이지 낡은 우산이라도 있었으면 하는 바람이었다. 내 신세가 처량했다. 우산이 없어 집을 목전에 두고도 오도 가도 못하는 신세라니! 그때 내 눈앞에 일찍이 오픈한 카페 하나가 들어왔다. '아! 이왕지사 이렇게 된 거 카페에 들어가서 책이나 읽다가 비가 멈추면 집으로 가자!' 그렇게 나는 카페에서 머물며 비 내리는 풍경을 보며 모처럼 여유를 즐겨보기로 했다.

  향긋한 아메리카노 커피 한 잔이 주는 포근함이라니! 이른 아침이라 다른 손님은 없었다. 그 덕분에 나는 카페 주인과 몇 마디 이야기를 나눌 수 있었다. 카페로 들어온 이유가 우산이 없어서라는 것을 알고는 자신이 가진 우산을 기꺼이 내주었다. 언제 비가 그칠지 모르니 그 우산을 쓰고 집으로 먼저 들어갔다가 지나가는 길에 주고 가면 된다고 했다. 뜻밖의 인연으로 옷이 젖지 않고 무사히 집으로 왔다. 한순간의 선택이 상황을 바꿔 놓았다. 이처럼 일상에서 일어나는 일들에 대한 선택들로 삶을 만들어가고 있다. 삶은 그냥 주어지는 것이 아니라, 자기 선택으로 만들어가는 것이다. 한순간의 선택이 내 인생길이 된다. 인생은 정해진 길이 없다. 매 순간의 선택이 삶의 방향을 결정한다. 우리는 마치 정해진 길이 있는 것처럼 인생에서 정답을 찾으려고 한다. 삶은 결코, 정답을 알려주지 않는다. 스스로 자신이 원하고, 좋아하는 것을 찾고, 경험하고, 선택하며 자기 삶을 완성해 간다. 그 과정은 복잡하고, 예측할 수 없기에 가끔은 실패의 쓴맛을 봐야 하는 순간도 있다. 삶의 갈림길에서 어떤 선택을 하는가에 따라 삶의 모습은 달라진다. 똑같은 상황에 있어도 누군가는 기회를 찾지만 다른 누군가는 자신의 한계를 본다. 삶을 대하는 우리의 태도가 남은 인생을 좌우한다.

친구 J는 나의 죽마고우이자 한때 간호사로 일했었다. 그런 그녀가 어느 날 딸기재배 농사에 전적으로 매달리게 되었다. 친구 J의 남편은 엔지니어로 일했었고, 그 역시 농사를 지어본 적이 없었기에 한 번도 가보지 않은 길을 선택했다는 것 그 자체가 그들에겐 대단한 모험이었다. 10년 전의 친구 J의 나이 37세였고,

남편은 42세였다. 그들을 바라보는 주변 사람들의 반응은 하나 같이 '아무것도 모르는 젊은이들이 하면 얼마나 하겠어. 한 1~2년 하다가 그만두겠지.'라는 달갑지 않은 눈치를 보냈다고 한다. 그들의 시작은 수많은 사람들의 곱지 않은 시선과 염려로 첫발을 내디뎠다. 친구 J 부부는 간호사로, 엔지니어로서 익숙한 일상을 벗어나 딸기재배 농법을 익히기 위한 노력을 아끼지 않았다. 딸기작목반에 가입해 정보를 공유하고, 딸기 선도농가를 견학해 그들의 노하우를 배워왔다. 여기에 그치지 않고 농업 기술 센터와 농업대학에서 교육을 들으며 딸기재배 기술을 익히는 데도 서슴없었다. 그럼에도 실제 딸기를 재배하는 과정에서 오는 시행착오와 예기치 못한 재난으로 좌절의 쓴맛을 보기도 했다. 농사는 하늘이 짓는다고 했다. 사람이 아무리 애를 쓰고 노력해도 수확은 하늘의 뜻 아래에 있다. 6월~8월까지 딸기 자가 육묘를 하는데 장마철엔 홍수로, 가을엔 태풍으로 물난리를 겪는다. 농장이 침수되면 그동안 애써 키웠던 딸기 모종이 탄저병으로 시름시름 앓기 시작한다. 다 죽어가는 딸기 모종을 볼 때면 친구 속이 여간 뭉그러지는 것이 아니었다고 말한다. 친구 J에게 딸기 모종은 그냥 모종이 아니었다. 3만주에 가까운 모종을 손수 하나하나 핀 꽂으며 온 정성을 다해 키워낸 자식과 다름없는 귀한 모종이다. 여기서 끝나는 것이 아니었다. 친구 J는 죽은 모종을 뽑아 버릴 때면 망연자실해 눈물이 났고, 상실감에 사흘 동안 농장에 출근도 하지 못한 채 앓아누웠다고 한다. 고생은 고생대로 하고, 모종은 모종대로 다른 농가에서 사와야 하는 이중고를 겪어야만 했다. 비록 모종 재배에 실패했지만, 친구 J 부부는 다른 농가에 가서 딸기 모종을 구해와 힘을 내 다시 재배를 시작했다.

  지금도 장마철이 다가오거나 태풍이 온다는 일기예보를 들으면 친구는 미리부터 마음이 조마조마해지고 긴장부터 하게 된다고 한다. 하지만 친구 J 부부는 그런 역경 속에서도 딸기재배를 포기하지 않았다. 매년 쌓아온 경험과 배움을 토대로 품질이 좋은 설향 딸기를 출하하고 있다. 친구 J는 생전 해 본 적도, 생각해 본 적도 없는 새로운 일을 시작할 때 많은 걱정과 두려움이 있었다고 한다. 멀쩡히 잘 다니던 간호사 일을 그만두고, 딸기를 재배하겠다며 매일 손에 흙을 묻히고 사는 삶이 갑갑해 남편을 원망하기도 했었다. 그러나 어느덧 친구 J는 농사꾼의 아내가 다 되어 있었다. 딸기에 대해서 두 번째 가라면 서러울 정도로 모르는 게 없다. 지금은 간호사의 삶으로 되돌아가기 싫다고 한다. 딸기재배 농사에 관해 열정이 솟구쳐 어떻게 하면 더 좋은 품질의 설향 딸기를 생산할 수 있을까에 여념이 없다. 친구 J 부부의 삶을 보며 나는 많은 것을 느낀다. 익숙한 일상에서 벗어나 단 한 번도 가보지 않았던 길을 선택할 용기와 살면서 느닷없이 찾아오는 두려움과 의심, 이 모든 것이 나의 삶과 닮았다는 생각이 들었다. 자기만의 파랑새는 결국 외부가 아닌 내부에 있다는 큰 깨달음을 얻었다. 이렇듯 우리는 인생이라는 거대한 무대 위에서 오롯이 자신이 선택한 행동으로 경험하고 배운 것이 결국 자신의 삶을 이룬다는 것을 알 수 있다.

  삶은 발견이 아니라 경험과 배움으로 만들어가는 것이다. 이미 정해진 길을 따라가는 것이 아니다. 경험하고 시행착오를 겪으며 진정한 자신으로 거듭나는 것이 삶이다. 태어날 때부터 우리에게 정해진 길은 없었다. 수많은 갈림길에서 어떤 선택을 하느냐에 따라 새로운 길이 만들어진다. 꿈이든, 관계든 모든 것은 자기 의지에 달린 것이다. 인생에는 두 가지 부류가 있다. 친구 J 부부처럼 자신의 새로운 꿈을 찾아가는 사람과 안정된 삶 속에 머물러 있는 사람이다. 결과를 알 수 없는 상황에서도 모험을 통해 자신만의 삶을 만들어가고 있는 친구 J 부부처럼 인간은 경험과 배움으로 성장한다. 그러나 대부분 사람은 불확실이 주는 두려움 때문에 도전을 망설이고 기회를 잃는다. 익숙한 환경에서 벗어나지 않는 한 변화는 없다. 더 많이 겪고, 더 많이 깨닫는 과정이 자신의 한계를 넘어서게 한다.

처음부터 글을 써야겠다고 어떤 결심을 했던 것은 아니다. 매일 한 꼭지씩 타이핑 필사를 하다 보니, 어느 순간부터 내 글을 써서 책을 출간하고 싶어졌다. 남의 글을 따라 쓰다 보니 자연스럽게 내 이야기가 글감이 되는 것을 깨달았다. 필사를 시작하고 글을 쓰게 된 모든 과정이 흐려지기 전에 생생하게 글로 남기고 싶었다. 한 명의 독자라도 내 글에서 용기를 얻어 새로운 꿈을 찾고, 이전과 다른 특별한 삶을 살아가길 바라는 마음에서 글에 목소리를 담아냈다. 운명에 기대어 '작가'라는 정체성을 발견했던 것이 아니다. 평범한 일상 속에서 꾸준히 필사하면서 스스로 글 쓰는 삶을 만들어간 것이다.

'나도 글을 쓸 수 있을까?'
'내 이야기도 글이 될까?'
'내 글을 누가 읽어주겠어?'

수없이 나를 흔들어대는 불안함과 두려움이 있었다. 그러나 매일 필사를 하며 생각이 바뀌었다.

'나도 글을 쓸 수 있을 것 같아!'
'글 쓰는 삶을 살고 싶어!'
'인생 첫 책을 써야겠다!'
'이미 나는 작가의 삶을 살고 있어!'

마음속으로 끝없이 내뱉던 의심의 말들이 염원을 가득 담은 확신의 말들로 채워지기 시작했다. 어떤 일을 시작할 때 간절함이 있으면 뜨거운 열정으로 시작할 수 있다. 한 꼭지 타이핑 필사를 꾸준히 실천하면서 내 안의 꿈을 찾아내고, 그 꿈을 이루기 위한 노력의 과정이 있었다.

 나의 성장과 변화는 의지와 노력으로 만들어낸 결과이다. 성공자들이 스스로 길을 개척한 것처럼 주어진 삶 속에서 꿈이 찾아질 거라 여기지 않았다. '인생 첫 책 쓰기'라는 새로운 도전을 통해 작가의 삶을 살고 있다. 글을 쓰고, 쓴 글을 다시 다듬고, 다듬은 글을 세상 밖으로 내보내기까지 남모를 고뇌와 고통을 수반해야 했지만 결국은 포기하지 않고 꾸준히 글을 썼기에 작가의 삶을 쟁취할 수 있었다. 작가는 스스로 글을 쓰지 않으면 책을 출간할 수 없다. 남의 글이든, 내 글이든 매일 쓰는 글이 있어야 책을 출간할 기회가

온다. 글을 쓰기 위해 타이핑 필사를 해왔던 과정들은 작가가 되는 데 필요했던 경험이었다. 시행착오 속에서 배움을 얻고, 멈추지 않고 글을 썼기에 가슴이 원하는 진정한 삶을 창조할 수 있었다.

삶은 발견하는 것일까? 만들어가는 것일까? 우리는 정해놓은 길을 가는 것이 아니기에 방황하고 실패하는 것이다. 그 과정에서 삶의 통찰과 깨달음을 얻는다. 여기서 한 가지 주의할 점은, 마주하게 될 방황과 혼란 그리고 실패의 쓴맛에 주저앉지 말고, 자신이 할 수 있는 작은 일부터 다시 시작해야 한다. 명확히 정해진 답이 없는 것이 삶이다. 그러나 스스로 행동하면 삶의 결괏값은 반드시 만들어낸다. 내가 글을 쓰기 전까지는 이미 주어진 삶이 그 어딘가에 있는 것처럼 행동했다. 내 삶이 극적인 변화가 없는 것도 정해진 운명 탓이라 여겼다. 그러나 글을 쓰는 과정을 통해 삶은 스스로 변하지 않으면 안 된다는 것을 깨달았다. 삶은 스스로 만들어가는 것이지 운명에 기대어 뒤따라가는 것이 아니었다. 삶이 유난히 자신에게만 가혹하리만큼 냉정하다고 느껴진다면 자신이 운명에 얹혀가려는 마음은 없었는지 돌아보길 바란다. 꾸준히 노력하는 자만이 변화된 삶을 만난다. 노력이 없는 사람에게 성장이란 없다. 당신은 스스로 운명을 만들어가는 사람인가? 아니면 주어진 운명에 순응하며 살아가는 사람인가? 이 물음에 곰곰이 생각해 보고 답해 보라. 지금의 나는 무엇을 할 수 있고, 내 삶을 어떻게 살아야 하는지 고민해 보는 성찰의 시간이 되길 바란다.

삶은 유한하다! 이 순간을 살아라

 삶은 당신이 머물러 있는 '지금'의 연속이며, 언젠가는 끝이 난다. 후회로 과거에 매달려 앞으로 나아가는 현재가 없다면 당신이 원하는 미래 역시 없다. 또한, 오지 않은 미래를 앞당겨 걱정하다 보면 현재를 놓치고 만다. 조금 덜 후회하고, 조금 더 나은 미래를 위해 현재를 잘 살아낼 책임이 우리 자신에게 있다. 나는 간호사이다. 한때 소아집중치료실에서 근무했었다. 아직 못다 핀 꽃처럼 홀연히 사라져가는 아이들 앞에 남겨진 가족들을 보며 얼마나 마음이 아팠는지 모른다. 생의 끝에 다가가 있는 아이들 곁을 밤낮으로 돌보던 가족들의 모습이 아직도 눈앞에 선명하다. 당시의 나는, 나 자신을 삶과 죽음의 경계선을 가장 가까이에서 지켜보는 사람이라고 여겼다. 어느 날은 삶의 한계를, 어느 날은 삶의 연속을 의지와 상관없이 지켜봐야 했다. 삶과 죽음의 반복이 남긴 상흔은 시간이 지나도 지워지지 않는다. 나에게 삶은 고통이자 기쁨이었고, 죽음은 슬픔이자 해방처럼 다가온다. 신성한 죽음 앞에 무덤덤해지는 나를 보며 생각했다.

'슬픔도 익숙해질 수 있는 거였구나.'

우리는 죽음을 통해 삶을 어떻게 살아야 할지 되묻지 않을 수 없다. 잘 사는 것도 중요하지만 어떻게 죽는가는 보이지 않는 달의 뒷면을 생각하는 것과 같다.

인생의 모든 문제는 양면성을 지니고 있다. 생(生)이 있다면 반드시 사(死)가 있는 것처럼. 우리는 지금 곁에 있는 사람들에게 마음을 다하며 살아야 하고, 언젠가는 내 곁을 떠날 이들에게 후회를 미뤄서는 안 된다. '있을 때 잘해 줄걸.'이라는 이 말에 담긴 모든 것을 같이 할 수 있을 때 아낌없이 주어야 한다. 더 많이 안아주고, 더 많이 눈 맞추며, 더 많이 함께 웃으며 생을 축제처럼 살아야 한다. 바로 이 순간부터.

간호사라는 직업으로서 마주하는 환자의 죽음과 가족의 죽음은 또 다른 슬픔이었다. 나는 할머니를 마지막으로 뵈었던 임종의 순간을 잊지 못하고 있다. 눈을 감기 직전까지 나를 바라보던 그 눈빛, 양 눈가를 타고 흐르던 힘없는 눈물, 잠시 잠들어 계신 듯 누워계신 모습, 손에 남아있던 온기까지 어제 일처럼 생각난다. 그만큼 나에게 할머니는 소중한 분이셨고, 내 아픈 유년 시절을 따스하게 안아주신 분이셨기 때문이다. 할머니를 땅에 묻고 온 그날, 나는 잠을 이루지 못했다. '차가운 땅속은 온종일 어둠으로 가득 차 있을 텐데.' '아무리 생을 다한 몸이라도 얼마나 춥고 무서울까.' 산 사람이 죽은 사람을 걱정하고 있었다. 한 사람의 고귀한 죽음 앞에, 나는 많은 것을 생각했다. '인간에게 영원이란 없구나.' '나는 언제 끝이 날지 모르는 삶과 끊임없는 줄다리기를 해야 하는구나.' '일생이 바로 이런 거구나!' '마지막까지 행복하게 죽고 싶다.' '이제 나는 어떻게 살아야 가야 할까?' 나의 머리 위로 별처럼 쏟아지는 질문들이 그리 싫지만은 않았다. 이런 고민을 하지 않아도 되지만, 살면서 한 번쯤 깊이 고민해야 할 문제임은 틀림없었으니까. 고민 끝에 내린 한 가지 해답이 바로 '이 순간을 축제처럼 살다 가자!'였다.

  인생은 한 편의 드라마다. 드라마는 첫 회로 문을 열

어 마지막 회까지 이어진다. 인생이 드라마라면 나의 삶은 드라마의 중반쯤에 이르렀을 것이다. 한 편의 드라마 속의 주인공처럼 내 주변의 조연들과 조화롭게 살아가는 법을 배우고 있다. 드라마 속 주인공들은 이 순간에 사는 법을 알고 있다. 어떤 몹쓸 일이 생겨도, 인생이 바닥을 치는 순간에도 이 순간에 몰두하여 불굴의 의지로 삶을 지켜낸다. 드라마 속 주인공들은 삶을 어떻게 살아가야 하는지 잘 짜인 각본대로 정직한 답을 보여준다. 드라마를 보며 누군가는 스토리와 재미에 집중하지만, 누군가는 인생을 살아갈 태도를 배운다. 잘 지켜보라. 주인공이 쉽게 좌절하고 과거에 연연하며 사는지, 아니면 미래를 미리부터 걱정하며 사는지. 과거와 미래에 얽매어 고통과 불안으로 삶을 살아가는 이들은 모두 조연이었다. 인생을 허비하고 난 뒤에야 주인공과 화해하며 마음을 고쳐먹든지, 아니면 이전보다 더 못한 삶으로 전락하지 않던가. 마음처럼 삶을 순탄하게 살지 못했다. 생각과 삶이 일치된 삶을 살아가는 건 불가능한 일처럼 느껴진다. 그럼에도 불구하고 우리는 '삶을 바꾸고 싶다'라고 말한다. 가끔, 아주 가끔은 운이 좋아 생각과 삶이 딱 맞아떨어지는 뜻밖의 순간을 만나기도 하니까. 그것이 로또와 같은 기막힌 숫자의 조합이라 할지라도 말이다. 그러나 극히 희박한 가능성에 기대어 현재를 살아갈 수는 없다. 시간과 삶은 멈추는 법이 없기 때문이다. 내 생의 숨이 멎는 그날까지 어떻게든 나는 살아야 한다. 이 순간에 집중하며, 덜 후회하는 삶을 선택하겠다!

우리는 하루에도 수만 가지 이상의 생각을 한다고 한다. 과거에 집착하느라, 미래를 걱정하느라 정작 지금에 신경 쓰지 않는다. 가장 소중하게 생각해야 할 지금을 등한시하다 보니 온통 '~했더라면'이라는 후회들로 가득 차 있다. 과거는 되돌릴 수 없고, 미래는 아직 오지 않았기에 오직 내가 잡을 수 있는 시간은 바로 '지금 이 순간'이다. 우리는 어떻게 살아야 후회 없이 현재를 잘 살아갈 수 있을까?

첫째, 과거에 대한 미련과 아쉬움을 떨쳐내야 한다. 과거는 이미 우리에게 없는 시간이다. 오직 기억 속에만 있는 소모된 시간이다. 과거를 떠올리면 하지 못했던 말, 마음처럼 행동하지 못했던 나를 떠올린다. 훌쩍 커버린 아이들 앞에 서면 지난 과거가 겹친다. 그때 좀 더 안아줄걸, 그때 좀 더 많이 놀아줄걸, 그때 사랑한다고 더 많이 말해줄걸 하는 생각에 나도 모르게 눈시울이 붉어진다. 아이들이 엄마의 부끄러운 과거를 보여주는 거울같이 느껴졌다. 하지만 과거는 되돌릴 수 없다. 내가 바꿀 수 있는 건 오롯이 현재뿐이다. 내가 어떤 선택을 하며 어떻게 살아가느냐에 따라 현재를 만족스럽게 살 수도 있고, 미래 또한 원하는 삶으로 바뀌어 있을 것이다. 더는 아이들을 통해 과거에 매달려 있을 수 없다. 과거의 선택들은 그 나름대로 의미가 있다. 다시 돌아가도 그 선택을 할 수밖에 없었을 것이라며 과거에 얽매이지 않는 삶을 살겠다 다짐한다. 어떤 일에 좀 더 내가 적극적이었다면 좋았을 일, 어떤 관계에서는 좀 더 노력했어야 하는 일에 사로잡혀 현재를 제대로 살지 못한다면 그것만큼 어리석은 일도 없다. 사랑하는 사람과 헤어진 순간은 죽을 것같이 아프고 힘들었어도 시간이 지나 보면 더 좋은 사람을 만나 사랑하고 결혼해 있지 않은가? 과거는 좋았다면 추억이고 나빴다면 경험이다. 지난 일로 현재의 나를 홀대하지 말고 자신에게 집중하자. 그리고 오늘을 더 나은 하루로 만들어가는 일에 몰입해 보자. 과거는 지금 이 순간을 잘 살아가기 위해 반드시 겪어야 할 일이었다. 그 모든 것이 지금의 나를 위한 일이었다.

둘째, 오지 않은 미래에 대한 두려움과 불안을 내려놓아야 한다. 나는 걱정이 참 많은 사람이었다. "현주야, 너는 너무 걱정이 많아."라는 말을 자주 들었던 때가 있었다. 지금 생각해 보면, 걱정하느라 현재의 내 모습이 어떠한지 생각조차 못 했던 것 같다. 간호사 국가 고시 시험을 치른 후 나는 일주일을 넘게 앓았다. '시험에서 떨어지면 어떻게 하지?'라는 걱정과 불안이 극에 달해 밥맛도 잃고 온종일 누워만 있었다. 의도치 않게 부모님의 마음을 아프게 했다. 이미 F 병원에 취업이 되어 있었던 나였다. 입사일을 밝히며 일하러 오라는 병원 전화에도 출근을 미룰 수밖에 없었다. 불합격되면 일하다 말고 쓸쓸히 퇴장해야 할 내 모습이 떠올라서 도저히 입사할 용기가 나지 않았다. 지금 생각해 보면, 병원 측에서 얼마나 어이없고 황당한 경우라 생각했을까 싶다. 당시 IMF 여파로 나보다 한 해 선배들이 1년 이상을 기다려 입사했던 시기였기 때문에 입사를 미루는 내가 이해되지 않았을 것이다. 나는 국가 고시 합격을 확인한 후에야 안심하고 병원으로 출근할 수 있었다. 합격자 발표가 나기 전까지의 나는 오지 않은 미래에 발이 묶여 불안에 떨어야만 했다. 불합격할까 봐 걱정하느라 현재를 제대로 즐기지 못했다. 친구들은 아르바이트를 시작했고, 나름의 연애도 즐기며, 여행까지 다니며 경험을 쌓는 동안 나의 자존감은 떨어질 대로 떨어져 바닥을 맴돌았다. 불안을 안고 방안에 움츠려 있느라 나에게 충실하지 못했다. 아무리 생각해도 그 당시의 내가 한심하기 그지없다. 이것만은 기억하자. 당신이 걱정하고 있는 지금 이 순간에도 시간은 흐른다는 것을! 현재를 살지 못하면 지금 당신이 할 수 있는 일을 놓치고 만다.

셋째, 현재에 집중하며 살아가야 한다. 혹여, 바쁘다

는 이유로 일상의 소소함이 주는 즐거움을 놓치며 살아가고 있지는 않은가? 지금을 놓치면 이 순간은 다시 오지 않는다. 세상에 당연한 것은 없다. 당연하다고 여긴 것들에 우리는 마땅한 대우를 해줘야 할 책임이 있다. 새벽에 일어나 글을 쓰는 일, 창밖을 바라보며 차 한잔을 마시는 시간, 가족과 이야기 나누며 웃을 수 있는 여유, 밤새 내린 눈 위에 첫 발자국을 내딛던 순간 등 지극히 평범한 순간들을 온전히 누릴 줄 안다는 것이야말로 지금을 사는 삶이라 할 수 있다. 미리부터 일어나지 않은 일에 걱정하느라, 과거에 얽매어 후회하느라 현재를 눈앞에서 놓치고 있는 사람들이 얼마나 많은가. 지금 할 수 있고 지금이 아니면 다시 오지 못할 순간들에 집중하며 오늘을 살아야 한다. 나는 하루를 시작하기 전 '미리 감사일기'를 적는다. 오늘 내게 일어날 일들과 지금 나에게 있는 것들에 감사한다. 내가 누리고 있는 평범한 것들에 대한 감사는 마음 부자로 살게 한다. 감사할 것들을 적다 보면 내가 가진 것이 얼마나 많은지 깨닫게 된다. 돈으로 환산하기에도 어려운 것들에 대한 감사가 저절로 생긴다. 이 생각은 오늘 내게 주어진 하루에 대한 감사로 이어진다. 당연한 오늘이 아닌 내 생의 증거처럼 오는 오늘이 귀하게 느껴진다.

　오늘에 집중하지 않으면 매 순간을, 행복을 좇으며 살아야 할지도 모른다. 후회로 물든 과거와 걱정으로 가득 찬 미래에서 벗어나 우리는 오늘을 살아야 한다. 시간은 물 흐르듯 흘러간다. 흘러간 물은 다시 되돌릴 수 없듯이 오늘, 지금, 현재라고 말하는 이 순간은 끊임없이 흘러 과거로 간다. 그러나 우리는 과거로 가기 전의 시간, 지금, 이 순간만은 오직 스스로 잡을 수 있다는 것을 잊지 않아야 한다.

우리는 바쁘다는 이유로 마땅히 누려야 할 소중한 순간을 얼마나 많이 놓치고 사는가. 작고 소소한 순간들에 진정한 행복과 만족이 숨어 있다. 더 나은 내일은 잘 살아낸 오늘이 있어야 가능하다. 과거는 바꿀 수 없지만, 현재는 내 의지로 살 수 있다. 지금에 충실하면 아직 오지 않은 미래에 대한 불안을 덜어낼 수 있다. 오늘, 지금 이 순간을 어떻게 살아가야 할지에 대한 생각은 현재를 살아낼 첫걸음이 된다. 내가 없으면 과거도, 현재도, 미래도 없다. 생이 끝나는 순간 이 모든 시간은 멈춰버린다. 깜깜한 암흑으로 변해 버린 시간 속에서도 내가 오늘 써낸 글이 있어 남은 글은 나 대신 생을 이어갈 것이다. 이 생각을 하면 지금 내가 글을 쓰지 않을 이유가 없다. 나에게 글이 이 순간을 살아가는 특별한 처방이 되었다. 글 쓰는 동안 나를 이 순간에 몰입하게 하고, 그 시간은 진실하다. 글 쓰고 현재를 어떻게 살아야 할지에 대한 답을 찾았다.

나에게 집중하고, 생을 둘러싼 작고 희미한 것들이 선명해지기 시작했다. 글은 생의 유한함에 직면하며 지금을 어떻게 살아야 할지를 보여준다. 우리에게 주어진 시간은 오직 현재뿐이다. 오죽하면 현재를 선물이라고까지 하지 않던가. 지금의 해상도를 높여줄 시간은 과거도, 미래도 아닌 바로 현재뿐이라는 것을 잊지 말자.

이현주

혼자 있는 시간이 삶의 깊이를 만든다

퇴근 후 집에 돌아왔을 때, 아무도 없는 집안에 나 혼자뿐이라는 사실이 때론 큰 위안이 된다. 어떤 작은 생각조차 끼어들 틈 없이 바쁘게 일하다 보면 혼자 있고 싶은 마음이 굴뚝같다. 관계 속에서 끊임없이 소모되었던 감정과 생각들을 차분히 정리하며 쉬고 싶어진다. 창밖을 보며 마시는 커피 한 잔, 나만의 공간에서 조용히 읽는 책 한 권, 소파에 앉아 아무 생각 없이 멍때리는 순간은 피곤한 몸을 쉬게 하기 위한 시간이지만, 이 시간은 어쩌면 나 자신과 가까워질 수 있는 유일한 시간이다. 하루 중 의도적으로 혼자 있는 시간을 가질 필요가 있다. 내면의 나와 대화를 나눌 수 있는 시간은 바쁜 하루를 돌보고, 지친 나를 위로할 수 있는 시간이 되어 주기 때문이다. 소음 가득한 세상에서 멀어졌을 때 비로소 나에게로 깊이 들어갈 수 있다. 그러나 오롯이 혼자 있기가 어려운 것이 현실이다. 스마트폰은 이제 내 몸의 일부처럼 느껴진다. 그림자처럼 붙어 다니는 스마트폰의 유혹을 뿌리치기 힘들다. 눈 뜬 직후부터 잠들기 전까지 손에 제일 먼저 잡히는 것도, 손에 마지막까지 머물다 함께 잠드는 것도 스마트폰이다. 그만큼 스마트폰은 우리 일상을 야금야금 잠식해 없으면 불안하고, 일상의 불편함을 느낄 정도가 되었다. 스마트폰 하나면 시공간을 초월해 사람들과 연결된다. 또한, SNS를 통해 다양한 사람들의 삶을 엿볼 수 있고, 그들과 소통한다. 타인과 함께하는 시간이 늘어날수록 혼자 있는 시간은 점점 더 줄어들고 있다.

앞으로 과학 기술은 더 빠르게 발달 되어 갈 것이고, 우리는 혼자 있는 시간에서 더 멀어질 일만 남았다. 사람들은 혼자라고 하면 외로움부터 떠올린다. 그 외로움이 두려워 혼자 있기를 꺼리기도 한다. 하지만 이것은 사회적인 고립을 말하는 것이 아니다. 혼자 있으므로 인해 타인의 시선에서 벗어나 진정한 나에게로 이른다. 홀로 있지 않으면 깊이 있는 생각을 할 여유도 없이 살아간다. 바쁘게 살아가는 삶 속에서 우리가 공허를 느끼는 이유가 바로 여기에 있지 않을까? 사람들과 관계를 맺으며 살아가는 것도 중요하지만, 진정한 삶의 깊이는 혼자 있는 시간으로 인해 내면에 가까워질 때 알 수 있다. 고요한 아름다움은 바로 혼자 있는 시간에 있다. 이 시간은 스스로 단단해지고 성장하는 시간이다. 혼자 있는 것을 두려워하기보다 그 시간을 통해 삶의 가치와 의미에 생각이 머물고, 마음이 반응하는 시간을 가져 보자.

  병원에서 3교대 근무를 하던 당시의 나는 규칙적인 삶과는 거리가 멀었다. 오전 근무를 하고 다음 날이 오후나 밤 근무를 들어가는 날이면 어김없이 늦게 잠들고 해가 중천에 뜰 때까지 잠을 자는 것이 당연한 듯 살았다. 오전 근무가 연속적으로 이어진 날은 늦게 잠드는 것이 습관처럼 굳어져 아침 일찍 일어나 출근하는 것이 힘들 정도였다. 이런 불규칙한 생활을 지속할수록 피로를 안고 하루를 보내는 삶에서 벗어날 수가 없었다. 아이들까지 돌봐야 하는 현실이 지옥이 따로 없구나 싶을 정도로 스스로 비참하다고 느꼈었다. 내가 새벽에 일어나기 시작한 것은 일근을 시작하게 되었을 때부터였다. 3교대 근무에서 벗어나면 뭔가 다른 하루가 찾아올 줄 알았지만, 막상 일근을 시작하니 내 생각이 엄청난 착각이었음을 알게 되었다. 아침 7시 30분까지 출근해서 오후 3시 30분까지 꼼짝없이 병원에 발이 묶여 있었다. 회의까지 있는 날이면 그보다 더 늦게 퇴근하는 일도 잦았다. 그렇게 집으로 오면 아이들이 하교할 시간이다. 집으로 돌아오는 순간 나는 간호사가 아닌 엄마의 역할에 충실해야 한다. 가장 편한 옷을 찾게 되고, 머리도 질끈 묶고 집안일을 시작한다. 끝이 보이지 않는 집 안에서의 일은 나를 끊임없이 우울하게 했다. 죽어야 이 일도 끝이 나겠구나 싶을 때 나는 혼자 있는 시간이 필요하다는 것을 깨달았다. 이런 식으로 살다가 죽고 싶지 않았다. 그렇게 시작한 것이 새벽 기상이었다.

벌써 새벽에 일어난 지 4년이 넘어서고 있다. 그 사이 새벽 루틴이 생기고, 하루가 길어졌다. 매일 혼자 있는 시간을 가짐으로써 느낀 것은 사람은 혼자 있으므로 인해 더 성숙해지고 성장할 수 있다는 것이다. 어떤 누구로부터 방해받지 않는 시간을 통해 나 자신과 더 가까워질 수 있고, 자기 내면 깊숙이 들어간 시간이 쌓여갈수록 삶의 깊이도 달라진다. 우리에게 진짜 필요한 것은 '혼자 있는 시간'이었다. 하루가 어떻게 지나가는지 인식조차 못 한 채 살아가고 있다면 심각하게 고민해 봐야 할 문제다. 매일 다람쥐 쳇바퀴 돌 듯 의미 없이 시간을 보내는 스스로가 얼마나 무기력하고 한심하다고 느끼고 있는지 깨달았을 때 선택해야 한다. 이대로 살지, 아니면 또 다른 삶을 살 궁리를 할지 말이다. 나는 이 고루한 삶에서 벗어나기 위해 새벽을 선택했다. 피곤한 저녁보다 개운한 새벽에 일어나 한 자라도 책을 읽고 쓰기를 반복했다. 혼자 조용히 있는 시간을 통해 자신을 돌아보고 삶을 진지하게 고민해 볼 수 있었다.

홀로 된다는 것이 두렵고 외롭다고 느끼는 사람들이 있다. 나 역시 혼자 있는 두려움이 좋게 느껴지지 않았다. 굳이 왜 내가 혼자 있어야 하는지도 몰랐다. 하지만 몸과 마음은 혼자가 되길 원했다. 시끄러운 세상에서 벗어날 수 없다면 스스로 고요한 시간을 찾아야 한다. 꼭 새벽이 아니어도 좋지만, 나의 경우 가족들의 방해가 없는 유일한 시간이 새벽이었다. 새벽에 일어나면서 삶에 조금씩 변화가 생기기 시작했다. 그렇다면 혼자 있는 시간은 나 자신과 삶에 어떤 변화를 주었을까?

첫째, 나만의 루틴이 생겼다.

새벽 루틴이 거창한 것은 아니지만 일어나는 순간부터 뭔가 꽉 찬 기분이 든다. 하루를 시작하기 전에 자신을 먼저 돌보는 시간이 있다는 것은 하루의 중심이 '나'에게 있다고 말해주는 것 같았다. 이 시간에 나는 책을 읽고, 필사하고, 글을 쓴다. 차분히 책상에 앉아 하루를 계획하는 시간은 삶을 움직이는 주체가 나였음을 매 순간 의식하게 한다.

둘째, 마음의 여유가 생겼다.

늦은 시간까지 핸드폰을 보고, SNS를 헤엄치며 다닌 후유증은 아침을 피곤하게 시작한다는 것이다. 누워서 핸드폰을 만지작거리는 행동은 진정한 쉼이 아니었다. 하루를 시작하기도 피곤한 아침은 하루를 엉망으로 만들어 놓는다. 아이들 깨우느라 잔소리를 늘어놓아야 했고, 깨우는 과정에서 오는 피로도는 말로 표현할 수 없다. 출근하기도 전에 지쳐서 무슨 정신으로 직장에 가는지조차 의식하지 못할 정도였다. 마음에 여유가 없었다. 그러나 새벽에 일어나 자신을 돌보는 일을 시작한 후로 아침 시간이 급박하게 돌아가지 않았다. 마음의 여유가 시간의 여유였다. 감정이 덜 흔들렸고 마음은 단단해졌다. 여유롭게 시작되는 하루가 사람을 이렇게까지 안정감 있게 만든다는 사실에 심히 놀라지 않을 수 없었다.

셋째, 생각이 깊어진다.

바쁜 업무에 치여서 '생각한다' 것 자체가 불가능했다. 아니, 생각 없이 사는 사람이 꼭 나를 두고 하는 말 같아서 기를 쓰고 생각하는 사람이 되고 싶었다. 새벽에 일어나 혼자 있는 시간을 통해 내 안에 든 생각을 조용히 정리해 볼 수 있었다. 지난 일을 곱씹어 보며 무엇이 나를 힘들게 하고, 그런 상황에서 어떻게 하면 벗어날 수 있을지 고민해 보기도 했다. 자아 성찰의 시간을 통해 진정으로 내가 하고 싶은 일이 무엇인지 알게 되었다. 삶이 나아가야 할 방향도 명확해졌다. 이것은 하루아침에 알 수 있는 것이 아니라 혼자 있으면서 생각하는 시간으로 찾게 된다. 자신을 외면하지 않고, 삶에 굴하지 않고 스스로 돌아보는 시간은 인생의 해답을 주기 마련이다.

 홀로 있는 시간은 자신이 가장 하고 싶었지만, 우선순위에서 밀려난 일들부터 시작하는 것이 좋다. 그 일들이 루틴이 되고, 자신을 강하게 만들고 성장하게 한다. 그러나 새벽에 무작정 일어난다고 변화를 기대하지 않는 것이 좋다. 그 시간을 어떻게 활용하는가는 더 중요하다. 나는 일어나면 스마트폰을 되도록 멀리한다. 책을 쓴 저자로서 독자와의 연결은 지속하여야 하기에 인스타그램에 접속할 때도 있지만 그리 긴 시간을 할애하지 않는다. 일단 하고자 하는 루틴을 마친 틈새 시간에 잠시 접속해서 '좋아요'를 눌러주며 인친들과 소통한다. 그리고 새벽에 일어나는 일 자체를 노동처럼 여기면 안 된다. 긍정적으로 받아들이고, 이 시간을 자신이 성장할 수 있는 유일한 시간이라고 스스로에게 말해주는 것이 좋다. 혼자 있는 즐거움이 커 갈수록 새벽이 기다려진다. 새벽은 결과보다 과정에 충실한 시간이다. 우리 삶 역시 어떤 목적지를 향해 가지만, 결국 더 중요한 것은 과정이다. 이 과정에서 경험하는 모든 것이 삶의 깊이를 만든다는 것을 이해하게 될 것이다.

당신에게 오롯이 혼자 있는 시간이 있는가? 예전의 나처럼 정신없이 하루를 보내고, 생각 없이 잠이 드는가? 자야 하니까 눈을 감고, 일어나야 하니까 눈을 뜨는 무기력한 삶과는 단절해야 한다. 한 번뿐인 내 인생인데 하루 한 번 나와 마주하는 시간이 없다는 사실이 이상한 줄 몰랐던 시기가 있었다. 이 사실을 깨닫지 못한다면 당신은 삶이 주는 진정한 기쁨을 놓치고 말 것이다. 혼자 있는 외로움과 두려움을 떨쳐내고 지금부터라도 자신과의 독대를 허락해야 한다. 혼자 있는 시간은 오늘을 어떻게 살아가야 할지를 고민하게 하고, 책을 읽으며 생각을 확장하게 한다. 나는 글을 쓰며 매일 나 자신을 깊이 들여다보는 시간을 갖는다. 어지럽고 시끄러운 세상과 멀어졌을 때 나도, 삶도 변하기 시작했다. 새벽이든, 밤이든 하루 중 자신에게 온전히 맞닿는 시간을 선택해 보자. 삶의 깊이는 혼자서 무언가를 생각하고, 어떤 것을 꾸준히 해나가는 과정에서 만들어진다.

행복은 특별한 게 아니라 평범한 거다

 행복이란 무엇일까? 하루가 평범하다는 이유로 일상이 주는 소소한 행복을 들여다볼 생각조차 하지 못했던 것은 아닐까? 늘 내 곁에 있어서, 당연하다는 듯이 무심히 지나치고 있는 것은 아닌지 생각해 본다. 주말이 되면 로또를 사려고 줄을 서 있는 사람들을 볼 수 있다. 나 역시 가끔 로또를 사곤 한다. 한 주간의 설렘이 좋아 집 앞 복권 가게로 들어가 소액의 로또를 구매한다. 그런데 충격을 받았다. 누군가 현금 10만

원을 내면서 로또를 왕창 사 가는 것이다. '저렇게까지 로또를 산다고?' 내심 이해가 되지 않으면서도 그 사람의 심리가 무엇일까 궁금했다. 인생 한 방을 꿈꾸는 사람일까? 아니면 로또밖에 답이 없다고 생각한 사람일까? 집으로 오는 내내 이런 생각이 맴돌았다. '로또 1등이 되면 어떤 기분일까?' 생각해 본 적이 있다. 상상만으로도 심장이 뛰었다. '1등이 되면 건물을 먼저 살까?' '통장에 그대로 넣어둘까?' '가족들과 해외여행을 가야지!' '난 로또가 되어도 직장은 그대로 다닐 거야.' 뭐 이런저런 생각만으로 로또 2천 원의 행복은 가히 누릴 만했다. 반면 이런 생각도 든다. 정말 로또에 당첨되는 것이 행복할까? 로또에 당첨되고 이전 삶보다 더 나빠져 있는 사람들의 소식도 종종 듣게 된다. 갑자기 생각지도 못한 큰돈을 제대로 관리하지 못해 인생이 한순간 나락으로 떨어진 것이다. 그런 소식을 접할 때면 진정한 행복은 로또 당첨과 같은 특별한 순간에 있지 않다는 생각을 하게 된다.

우리에게 이런 순간이 과연 몇 번이나 올 수 있다는 말인가? 이런 역대급 행운을 기다리다가 지금 당장 누려야 할 행복을 놓치고 있는 것은 아닐까? 만약 이런 일마저 일어나지 않는다면 우리는 행복할 수 없는 것일까? 많은 사람이 행복이라고 하면 특별한 순간이나 어떤 큰 성취를 떠올리는 경우가 많다. 그러나 그런 순간은 자주 오는 것이 아니며 오히려 더 큰 실망이나 상처가 될 수 있다. 진정한 행복은 평범한 일상에서 발견하는 자의 몫이 아닐까?

글을 쓰면서 평범한 일상에 가려져 느끼지 못했던 행복을 자주 느끼곤 한다. 행복은 거창하고 화려한 삶에 있는 것이 아니었다. 아무렇지 않게 지나가는 일상 속에 한 줌 햇볕처럼 스며들어 있는 것이 행복이었다. 나는 수목원 산책을 즐기는 편이다. 걸으면서 복잡했던 생각의 실타래를 풀어 놓고, 마음의 평온함을 느낄 수 있어 좋다. 보통 1시간에서 2시간 정도 걷는다. 느린 나의 보폭에 맞춰 나를 스쳐 가는 자연의 모습도 천천히 지나간다. 느린 만큼 더 자세히, 더 깊게 자연을 느끼고 일상을 바라본다. 긴 겨울이 지나고 봄이 시작되려나 보다. 앙상했던 나뭇가지에 연둣빛 새순이 올라오기 시작했다. 보드랍고 앙증맞은 작은 새순이 그저 사랑스럽다. 계절에 따라 변해가는 자연의 모습을 보면 인간의 삶과 별반 다르지 않음을 느끼게 된다. 움츠려 있던 시간은 쉼의 시간이며, 다시 움트는 시간은 도약의 시간이라는 것을 말해주는 듯했다. 맨발로 땅 위를 걷는 사람들, 유모차에 어린아이를 태우고 온 부부, 깍지 낀 두 손에 사랑이 묻어나는 젊은 연인, 유치원 아이들의 재잘거림과 나름의 질서를 가지고 놓아둔 자그마한 가방들이 절로 미소를 짓게 한다. 이런 순간들로부터 오는 행복감은 강하거나 세지 않다. 잔잔한 물 위의 윤슬을 보듯 평화롭다.

행복은 어쩌면 우리가 평범함 속에서 매일 누릴 수 있는 것들이다. 바쁘게 일에 치이고, 육아에 매달려 살다 보니 작은 일상의 소중함을 잊고 산다는 것을 인지하지 못한다. 마음 한편에 늘 '나도 행복해지고 싶어.'라고 말하지만 정작 본인이 누리고 있는 행복을 볼 줄 모른다. 더 큰 행복을 찾느라 눈앞에 있는 작은 행복을 지나친다. 나는 가끔 혼자 있을 때 집안을 가득 채운 부드러운 음악과 커피 한 잔에도 '아, 좋다!'라고 느끼곤 한다. 당신은 어떤가? 나와 같은 생각을 한 적이 있지 않은가? 지극히 무심히 일어나는 일들이라 그 자체가 행복이라는 사실을 충분히 느끼지 못한 채 엉뚱한 곳에서 끊임없이 행복의 파랑새를 찾고 있는지 모른다.

행복에서 가장 멀리해야 할 것이 있다면 비교가 아

닐까? 끊임없이 남들과 비교하느라 스스로 삶을 지옥으로 몰아가기도 한다. 남들이 고급 차를 샀다고 하면 '나는 그동안 뭘 했나. 언제 나는 저런 차를 타보나.' 하고 마음의 고개를 떨군다. 친구가 해외여행 가서 찍은 사진을 보면 '나는 왜 이 모양 이 꼴로 일만 하고 있지?'라며 자신도 어딘가로 떠나야만 할 것만 같은 충동이 인다. 게다가 요즘은 SNS를 보면 다들 행복해 보이고, 잘 나가는 인생을 사는 것만 같다. 자신만 제자리인 것 같은 느낌이 들기 시작한다. 비교하는 마음은 자신에게 있는 것을 보지 않고 내게 없는 것을 남에게서 찾기 때문이다. 정말 당신이 생각하는 것처럼 그들도 행복할까? 남과 비교하기 시작하면 끝이 없다. 한번 시작된 비교는 타는 목마름 상태의 지속이다. 아무리 갈증을 달래도 다시 목은 탄다. 이런 상태가 지속되면 만족은 점점 멀어지고 삶은 불행해진다. 특별한 행복을 좇다가 정작 본인의 불행을 자초하는 상태가 된다.

  하지만 비교하지 않으려는 마음은 자신만의 행복으로 눈을 돌리게 한다. 당신이 그 누군가와 비교하는 순간에도 병원에서 병마와 싸워가며 생을 어떻게든 이어가려는 이들이 얼마나 많은 줄 아는가? 그들에게 단 1분 1초의 순간도 살고 싶은 '생의 순간'이다. 병원만큼 삶의 진정성을 보여주는 곳은 없다고 생각한다. 오늘 내가 살아있다는 사실에 감사해야 한다. 살아있음으로 보고, 느끼고, 맛보고, 생각하는 모든 것들은 그냥 주어진 행복이 아니다. 우리 몸에서 어느 것 하나라도 고장이 나면 무심히 누리던 것들이 당연한 것이 아님을 느끼게 된다. 나는 얼마 전 뜨거운 음식을 먹다가 입천장을 덴 적이 있다. 정말 거짓말 하나 안 보태고 먹고 싶은 음식을 마음껏, 편안히 먹을 수 있다는 사실에 얼마나 감사해야 할 일인지 뼈저리게 느꼈다. 입천장에 음식물이 닿을 때마다 어찌나 쓰라리고 따가운지 치아가 있어도 맘 편히 제대로 씹지 못했다. 맛있는 음식을 두고도 입안에 넣기도 전에 통증이 먼저 느껴지는 듯해 입맛이 뚝 떨어졌다. '먹는 행복도 당연한 것이 아니었구나.' 생각했었다.

행복은 남보다 더 많은 것, 남보다 더 비싼 것에 있지 않다. 이것만 있으면 잘 살 것 같아도 갖고 나면 별거 아니라는 사실을 우리는 이미 알고 느끼고 있지 않은가. 이게 없으면 안 될 것 같은 일들이 이게 없어도 된다는 것을 이미 경험으로 알지 않는가. 그런데도 우리는 너무 멀리서 행복을 찾는 것은 아닐까? 우리는 살아있기에 누릴 수 있는 것들에 관심을 쏟으며 행복을 만들어가야 한다. 남들과 같은 속도로 가지 않을지언정 기죽지 않고 자신에게 주어진 하루를 온전히 살아내는 것만으로 충분하다. 남과 비교하는 삶에서 벗어나 일상의 소소한 순간에 더 집중해야 한다. 그 누군가와 경쟁하지 않아도 된다는 것을 깨달을 때, 자기 삶 속에서도 얼마나 누릴 게 많은지 알게 된다. 작은 행복들을 누릴 줄 아는 자신에게 전에 없던 평온함이 찾아올 것이다.

로또 1등 당첨되었을 때의 기쁨은 시간이 지나면 점점 더 무뎌진다. 그렇게 원하던 것을 성취했던 그 순간의 감동이 영원하지 않은 것처럼 특별한 행복은 순간적이며 일회성에 지나지 않는다. 우리 삶에서 필요한 것은 지속 가능한 행복이다. 나는 때론 '별일 없는 하루'에서 위안을 받기도 한다. 아이들이 별 탈 없이 건강하게 자라고 있다는 것, 함께 모여 따스한 밥 한 끼 먹을 수 있다는 것, 부모님이 보고 싶을 때 언제든 내가 갈 수 있다는 것, 어릴 적 친구와 만나 다시 청춘을 이야기할 수 있다는 것, 글 쓰고 싶을 때 마음만 먹으면 쓸 수 있다는 사실에 그 어떤 순간보다 더 남다른 행복을 느끼곤 한다. 건강하게 하루를 살고, 평범한 일상을 누릴 기회가 매일 찾아오는 그 자체가 벌써 기적이지 않을까?

　행복은 매일 찾아오는 하루의 평범함 속에 있다. 그날이 그날인 듯해도 얼마든지 자기만의 행복을 만들어갈 수 있다. 누군가는 그 평범함 속에서 웃음을 찾고, 어느 누군가는 눈앞의 행복을 놓치고 후회로 시간을 보내게 될 것이다. 그것을 알아차리느냐, 그냥 지나치느냐의 문제는 오직 자신에게 달렸다. 행복은 사소한 것 속에 있다는 사실을 잊지 말자. 더 좋은 환경, 더 높은 직위, 더 나은 성과와 같은 숫자나 물질에 집착하다 보면 진짜 지켜야 할 것들을 놓치고 만다. 남들보다 더 많은 것을 가져야 한다는 생각이 자신의 삶을 망치는 지름길이다. 내 삶의 행복은 내 안에 있다. 내 행복을 남에게서 찾으려 하니 그렇게 힘든 것이다. 삶의 주체는 나 자신이기에 스스로 어떤 것에 시선을 두는가에 따라 행복의 질이 달라진다. 오늘 하루, 스스로 생각했을 때 '이만하면 잘 살았어.'라고 말할 수 있다면 그 자체로 충분하며 격려해야 할 일이다.

"나는 당신이 행복했으면 좋겠다."

내가 바뀌면 삶은 저절로 바뀐다

나를 바꾸지 않고 삶이 달라지길 바라는 것은 변하지 않겠다는 말과 같다. 변화의 중심에는 항상 '나'라는 존재가 있다는 것을 잊어선 안 된다. 새벽 기상과 글쓰기를 시작하기 전에는 내 뜻대로 삶이 흘러가지 않는 이유를 외부에서 찾았다. 사람과의 관계가 힘들다고 느낄 때는 내가 문제가 아니라 상대의 문제가 더 커서 생긴 일이라 생각했고, 직장에서 스트레스를 받으면 근무 환경이 뒷받침해 주지 못해 그런 거라고 여겼었다. 물론 그 원인이 상대방에게 있을 수도 있고, 직장 환경이 문제가 될 수도 있다. 하지만 중요한 것은, 같은 조건 속에서도 긍정적인 태도로 상황을 이끌어 가는 사람도 있다는 사실이었다. 나는 그런 사람들을 보면 이런 생각이 들었다. '자라온 환경이 좋아서일까? 같은 상황에서도 흔들림이 적고 오히려 담담한 것일까? 게다가 긍정적이고 밝기까지 하다니! 나도 저런 모습이면 좋겠다.' 한때 이런 생각을 했던 내가 지금은 그렇지 않다. 변화는 외부가 아니라 내부에서 먼저 시작되는 것이었다. 새벽 기상과 하루 한 꼭지씩 필사하기는 나에게 놀라운 변화를 경험하게 했다. 매일 새벽 3시 30분을 기상 목표로 실천했고, 하루 20분 타이핑 필사로 글쓰기 근육을 만들어갔다. 그 결과 지금의 나는 글 쓰는 간호사의 삶을 동시에 살고 있다. 꾸준히 지속해 온 이 작은 습관이 마인드를 바꾸고, 일상을 조금씩 촘촘하게 만들었다. 내가 바뀌니 내 주변이 서서히 바뀌기 시작했다.

 삶은 내가 먼저 바뀌지 않으면 변하지 않는다. 그러나 많은 사람이 자신을 먼저 바꾸려 하지 않고 환경이 먼저 달라지길 바란다. 부정적인 생각의 틀 안에서는 보는 시야가 좁아져 눈앞의 기회를 볼 줄 모른다. 하지만 긍정적인 생각을 하는 사람은 악조건 속에서도 기회를 찾아낸다. 직장이든, 사람이든 모든 것은 내 생각과 태도에 따라 달리 보인다. 태도가 바뀌면 사람들과의 관계도 원만해지고, 생각이 달라지면 세상을 보는 관점도 달라진다. 변화는 나로부터 시작된다. 꾸준한 새벽 기상과 필사 덕분에 삶을 대하는 방식이 달라졌고, 나는 자연스럽게 글 쓰는 작가의 길을 걸어갈 수 있었다.

 〈오만과 편견〉이라는 책은 제인 오스틴의 작품 중에서 내가 가장 감명 깊게 읽은 책 중 하나이다. 영화로도 제작되어 제인 오스틴의 작품을 영상으로 볼 수 있어 좋았지만, 책을 읽으면서 느낀 감동을 따라오지 못했다. 혼자 등장인물들을 상상하며 장면 하나하나를 떠올리며 둘의 관계가 어떻게 이어질지 궁금해하며 읽던 때가 아직도 생각난다. 이 책에서 엘리자베스는 사람들과 잘 어울리지 못하고 자기만의 세계에 갇힌 듯한 과묵함과 차가운 태도의 디아시를 무례하고 오만한 사람이라고 성급하게 판단했다. 독자로서 엘리자베스의 시선을 따라 읽으며 나 역시 디아시가 타인에 대한 배려가 부족한 인물로 보이긴 했다. 자신의 지위와 신분으로 얼마든지 마음에 드는 여자와 결혼할 수 있다고 여기는 듯했으니까. 그러나 시간이 흐를수록 서로에 대한 오만과 편견이 얼마나 큰 실수였는지 알게 된다. 실제 겪어 본 디아시는 오히려 깊은 배려심과 책임감을 갖춘 사람이었다. 디아시는 엘리자베스의 가족을 위해 티 내지 않고 조용히 도움을 주었고, 그의 친구와 하인들이 그를 신뢰하고 있는 모습을 보며 엘리자베스는 자신이 얼마나 성급했는지 반성하고 성찰한다. 디아시 또한 엘리자베스와 그녀의 가족에 대한 편견이 있었지만, 그 편견을 하나씩 무너뜨리며 동등하고 깊은 사랑에 이른다. 처음에는 오해와 편견 속에서 서로를 제대로 볼 수 없었지만, 점차 변화하고 성장하며 진정한 사랑에 이르기까지의 과정을 지켜보며 나는 깨달았다. 스스로가 변하지 않으면 어떤 상황도 변하지 않는다. 그리고 자신이 가진 그 어떤 것을 과감히 버렸을 때, 비로소 삶이 변하기 시작한다는 것을.

우리는 종종 사람을 쉽게 판단하는 경향이 있다. 몇 마디 말로 그 사람이 '~할 것이다'라고 규정짓고, 그 틀을 벗어나려 하지 않는다. 관계에서도 어쩌면 가장 큰 장애물은 내가 가진 고정관념일 것이다. 우리는 상대를 있는 그대로 보려 하기보다 자꾸만 자기만의 잣대를 가져다 댄다. 그러나 자신이 만들어 놓은 틀에 상대를 가둬 놓기보다 열린 마음으로 그 사람을 바라보면 관계도 달라진다. 이 책을 통해 우리는 삶 속에서 마주하는 사람과의 관계와 삶의 태도를 엿볼 수 있다.

"자신이 먼저 바뀌지 않으면 아무런 변화가 없다. 내가 먼저 달라지면 인생이 변하기 시작한다."

엘리자베스와 디아시, 이 둘이 서로의 확신이 편견이었음을 인정하고, 서로에게 맞춰 변화하는 모습을 통해 우리의 삶도 내가 먼저 바뀌는 순간부터 새로운 방향으로 흘러간다는 것을 알 수 있었다. 결국, 삶의 변화는 나로부터 시작된다.

불과 몇 년 전까지만 해도 '새벽 시간'의 소중함을

미처 몰랐었다. 집과 병원을 오가는 반복된 하루 속에서 녹초가 된 몸을 달래주는 것은 스마트폰과 잠이었다. 늦은 시간까지 책을 읽기도 했지만, 책을 읽어야 할 이유를 찾지 못할 때는 어김없이 스마트폰을 손에 들고 유튜브 바다를 헤엄쳐 다녔다. 알고리즘은 얼마나 정확한지 끊임없이 나의 관심을 끄는 영상들이 꼬리를 물고 나타났다. '이 영상 하나만 보고 자야지.' 하다 보면 어느새 새벽 2시가 되기도 했다. 늘 아침은 분주했고, 출근 시간에 늦지 않으려고 허덕였다. 매일 피곤한 하루를 살고 시간은 어찌나 빨리 흐르는지 시간은 늘 부족했다. 다행히 독서는 꾸준히 해오던 터라 책 속에서 자수성가한 사람들이나, 유명한 성공자들이 하나같이 강조하는 것이 새벽 시간의 중요성이라는 사실을 발견했다. 그 후로 '미라클 모닝' '아침형 인간' '새벽 기상'에 대한 관심이 생기기 시작했다. 이런 식으로 살다가는 정말 답이 없는 불행의 알고리즘에서 벗어날 길이 없을 것만 같았다. 남들처럼 화려한 삶을 원하는 것이 아니라 내가 하고 싶은 일을 하면서 속이 꽉 찬 만두 같은 삶을 살고 싶었다. 마흔이 된 후로 '언제까지 이 일을 할 수 있을까?' '이렇게 일만 하다가 죽으면 너무 억울할 것 같아.' '사는 게 왜 이렇게 고되고 힘들지. 나도 좀 편해지고 싶어.' '아이들은 커 가고 내 노후는 누가 책임지지?' 별별 생각이 머릿속을 떠나지 않았다. 매일의 나는 끓는 물에 금방 데쳐 나온 시금치처럼 시들시들했다. 늘 지쳐 있는 내가 싫었고, 어떻게든 내 삶을 주도적으로 살고 싶었다. 그래서 책 속의 성공자들처럼 새벽에 일어나 보자고 결심했다. 쫓기듯이 책을 읽고 싶지 않았고, 쓸데없이 시간 낭비하며 스마트폰을 보는 것도 지쳤다. 나는 혼자 있고 싶었고, 그 시간을 만들어야 했다.

그렇게 시작한 새벽 기상이 지금은 습관이 되었다. 몇 년이 흐른 지금도 여전히 새벽 3시 30분이면 알람이 울린다. 혹여 피곤해서 알람을 놓쳤다 해도 새벽 4시에서 5시 사이에 눈이 저절로 뜨인다. 지금 내가 확실히 말할 수 있는 것은, 변화의 시작은 '나'에게 있고, 작은 습관 하나가 삶을 바꾸었다는 것이다. 새벽에 일어나 책을 읽고, 필사를 하고, 글쓰기를 하며 생각을 정리하며 하루를 차분하게 시작했을 뿐인데 서서히 삶이 달라지기 시작했다. 많은 사람이 삶을 바꾸고 싶다고 하지만 정작 어디서부터 뭘 해야 할지 막막해한다. 나는 말한다.

"너무 거창한 목표보다 작은 습관 하나부터 바꾸는 것이 오히려 더 강력한 변화를 만든다."

스스로 습관을 고쳐야겠다고 생각하고 실천했을 뿐인데 하루를 주도적으로 사는 기분이 들었고, 삶은 나도 모르는 사이에 내가 가고자 하는 방향으로 바뀌기 시작했다. 늘 하던 대로 움직이는 사람에게 변화는 없다. 틀에 박힌 뻔한 삶일지라도 스스로 바꿔보고자 하는 행동이 의미 있는 결과를 만든다. 우리는 환경의 영향도 받지만 스스로 만든 습관의 영향은 더 강력하게 받는다. 삶을 바꾸고자 하는 의지가 있다면 자신이 반복하는 행동을 먼저 바꾸면 된다.

 습관을 바꾼 주체는 바로 '나'다. 내가 바꾼 습관으로 생각이 바뀌고, 삶을 해석하는 방식도 달라졌다. 이런 사고는 행동마저 바꿔 놓았다. 우리는 삶을 바꾸기 위해선 환경이 변해야 한다고 생각한다. 그러나 진정한 변화는 자신이 먼저 변할 때 시작된다. 편견으로부터 멀어지면 관계가 달라지고, 태도가 바뀌면 상황이 달라지며, 작은 습관의 변화가 결국 삶의 방향을 바꿔 놓는다. 단시간에 변화를 만들려고 하면 힘들지만, 서서히 점진적으로 생각과 행동을 바꾸려는 노력은 달라진 인생을 살게 한다. 삶은 스스로 이끌고 책임지는 것이다. 주위의 누군가에게 기대어 끌려가기보다 자신이 먼저 변해야 한다. 그러면 환경은 절로 달라져 있다. 원하는 삶을 살기 위한 가장 확실한 방법은 지금의 나를 바꾸는 것이다. 사람이 달라졌는데 삶이 그대로일 수가 없다. 삶은 그 삶을 살아가는 주인을 닮아 간다.

나를 지키는 습관 하나가
삶의 진로를 바꾼다

요즘 필사 열풍이 뜨겁다. 출판사마다 필사북을 출간하느라 분주해 보인다. '텍스트 힙(Text Hip)'이라는 말을 들어본 적이 있는가? 2030 세대 사이에서 독서하는 것이 멋있는 것으로 인식되어 생겨난 말이다. 이것은 더 나아가 직접 책의 구절을 따라 쓰는 것으로 이어져 필사북의 판매량에도 영향을 미친 듯하다. 인스타그램에도 필사단 모집이 활발히 이루어지고 있다. 필사를 좋아하는 나이기에 참새가 방앗간을 그냥 지나칠 수 없듯, 나 역시 필사 챌린지에 참여하여 열심히 필사를 하고 있다. 많은 이들이 손으로 남의 글을 따라 쓰는 필사를 하고 있다. 물론 손으로 직접 쓰는 자필 필사를 이어가고 있지만, 나에게는 매일 해야 하는 남다른 필사가 하나 더 있다. 그것은 바로 '한 꼭지 타이핑 필사'이다. 매일 20~30분을 타이핑 필사에 할애하고 있다. 처음에는 긴 글이 쓰고 싶어서 시작한 필사인데 시간이 지날수록 매일 한 꼭지 필사를 하지 않으면 양치를 건너뛴 것처럼 하루가 찝찝하다. 심지어 불안하기까지 하다. 어느덧 타이핑 필사를 해온 지 1년 6개월이 넘었다. 남의 글을 그대로 옮겨 적는 이 행위가 나에게는 삶의 지지대와 같다. 이 작은 습관 하나로 마음이 안정되고, 정돈된 하루를 살게 한다. 습관은 우리 삶 속에서 생각보다 중요한 역할을 하고 있고, 그 작은 습관 하나로 계획에 없던 삶을 살게 되기도 한다. 자신에게 좋은 습관은 성장과 변화를 만들지만, 나쁜 습관은 더 나아질 수 있는 길을 막는 방해꾼이다.

이쯤 되면 궁금하다. 당신에게는 어떤 습관이 있는가? 스스로를 지켜줄 좋은 습관 한 가지를 망설이지 않고 말할 수 있다면 이미 당신은 이전과 다른 삶을 살아가는 사람이라고 확신한다. 꾸준함은 모든 것을 능가하기 때문에 오랫동안 꾸준히 해오던 습관은 분명 의미 있는 결과를 만들어냈을 것이라 단언한다.

한 꼭지는 출판사 용어로 소제목 하나 분량을 말한다. 소제목 하나는 보통 A4 2장에서 A4 2장 반에 해당하는데 손으로 쓰려고 하면 힘들지만, 타이핑 필사는 자판으로 글자를 따라 쓰기 때문에 크게 힘들이지 않고 필사할 수 있다. 자판을 칠 수 있고, 타자속도만 어느 정도 받쳐 준다면 무리 없이 시작할 수 있다. 손으로 A4 2장에서 A4 2장 반을 따라 쓰려면 시간도 오래

걸리고, 손에 무리가 올 수 있다. 그러나 자판으로 필사를 하면 20~30분이면 한 꼭지를 다 쓸 수 있고, 글쓰는 감을 자연스럽게 익힐 수 있다. 이 단순한 작업을 꾸준히 했더니 하루라도 하지 않으면 뭔가 허전하고 우울해진다. 어느새 한 꼭지 필사가 내 삶의 일부가 되었다. 이렇게 작은 습관 하나가 삶을 움직이는 큰 틀이 된다. 운동이나 독서, 새벽 기상 같은 좋은 습관은 당신의 작은 행동에서 시작된다. 나는 매일 필사를 하면서 글쓰기에 대한 자신감을 얻었다. 타이핑 필사를 하기 전에는 한 꼭지의 개념도, 책 한 권 쓰는 데 어느 정도의 양을 써야 할지도 전혀 내 머릿속에 없었다. 그러나 한 꼭지 필사를 매일 하다 보니 소제목 하나의 분량이 A4 2장에서 A4 2장 반 정도 된다는 것과 한 개의 꼭지 수가 35개 ~40꼭지 모이면 책 한 권 된다는 것을 저절로 감을 잡게 되었다. 남의 글이지만 매일 따라 쓰니 당연히 생각의 깊이도 달라졌고, 꾸준히 필사하는 것이 바로 글쓰기 근육을 기르는 일임을 알게 되었다. 내 글을 쓰지 못할 때도 글을 썼다는 대리 만족감을 주기 때문에 글쓰기의 고뇌를 덜어주기도 한다. 꾸준하게 한 가지 습관을 지속해 나가면 자신도 모르는 사이에 그 분야에 대한 능력이 향상돼 있음을 알게 된다. 그만큼 자신이 해온 일에 대해 성공할 가능성이 커져있다는 것을 의미한다. 자기계발 도서만 읽어봐도 성공한 사람들에게 공통으로 일정한 루틴이 있다는 것을 알 수 있다. 올림픽에서 금메달을 딴 선수들이 하루도 빠짐없이 운동했듯이 작가들도 매일 글을 쓴다. 습관이 그 사람의 삶을 만들어간다.

하루 이틀 잠깐의 반복으로 그 효과를 보기 어렵다. 습관의 효과는 꾸준히 지속했을 때 시간이 퇴적물처럼 쌓여 어느 임계점에 이르러 변화가 시작된다. 나 역시 처음 필사했을 때 딱히 눈에 띄는 변화를 보지 못했다. '내가 이걸 왜 하고 있지?'라는 생각이 들 때마다 절로 한숨이 나왔고, 시간을 흘려보내는 것 같아 불안하기도 했다. 한 꼭지 타이핑 필사를 한다고 글을 쓸 수 있을 것 같으면 이 세상에 모든 사람이 진즉에 작가를 하고도 남았겠다는 생각까지 들었다. 그러나 시간이 흐를수록 매일 한 꼭지 타이핑 필사를 한다는 것이 쉬운 일이 아님을 알아갔다. 꾸준하게 무엇인가를 지속한다는 것 그 자체가 어려운 일이었다. 생각보다 강한 의지와 노력이 있어야 했다. 그런 고비들을 넘기고 또 넘기며 어느 순간부터 필사하는 것이 어렵지 않게 느껴졌고, '나도 한 번 글을 써 볼까?' 하는 생각이 들기 시작했다. 책을 읽고 쓰며 감탄하고, 필사한 문장을 생각하며 떠오른 내 생각을 글로 적으며 글쓰기가 조금씩 어렵지 않았다. 필사 습관은 눈에 드러나지 않게 조용히 나와 삶을 바꿀 준비를 하고 있었다. 꾸준함이 쌓여갈수록 습관은 남들과 다른 차이를 만들었다. 처음에는 시작이 망설여지고, 혹여 시작했더라도 많은 유혹에 흔들리게 된다. 그때마다 마음의 심지를 꼿꼿이 세워 꾸준히 습관을 길들인다면 서서히 새로운 습관은 익숙해지고 삶 역시 달라져 있을 것이다. 현재 내가 책을 쓴 작가가 되어 있듯이 말이다.

누구나 알법한 세계적인 주식 투자의 귀재 워런 버핏은 자신의 성공 비결을 매일 책 읽는 것을 꼽았다. 젊은 시절부터 신문과 다양한 분야의 책을 읽으며 금융 지식을 쌓았다. 하루의 80%의 시간을 책 읽고 사고하는 데 사용한다고 할 정도로 독서를 매우 중요하게 여긴다. 현재 90세를 넘긴 나이에도 하루에 500페이지에 달하는 양을 읽는다고 하니 실로 감탄하지 않을 수 없다. 그는 나이가 들어도 계속 배우고 생각한다. 책을 읽고 끊임없이 생각하는 과정 자체를 삶의 방식으로 삼았다. 지식도 복리처럼 쌓였다고 말했는데 이것은 투자 원칙이기 전에 그의 삶의 철학을 반영

된 말이다. 워런 버핏을 통해 장기적으로 꾸준히 쌓아온 습관이 삶에 얼마나 지대한 영향을 끼치는지 알 수 있다. 단기간의 노력으로는 남들과 차이 나는 결과를 기대할 수 없다. 그러나 매일 반복하는 습관은 마침내 우리 삶을 바꾸는 거대한 힘으로 작용한다. 워런 버핏이 세계에서 가장 영향력 있는 투자가로 거듭날 수 있었던 배경에는 독서라는 습관이 있었고, 우리는 그 습관이 그의 성공 요소임을 확인할 수 있다.

우리가 어떤 것을 이루고자 할 때, 그것을 이룰 수 있냐 없냐는 그 사람이 어떤 습관을 지니고 꾸준히 지속해 왔느냐에 달렸다. 바로 그 습관의 결과에 따라 삶이 달라지기 때문이다. 아리스토텔레스는 말했다. "사람은 반복적으로 행하는 것에 따라 판명되는 존재이다. 따라서 탁월함이란 단일 행동이 아니라 바로 습관이다." 지금 우리가 조금 부족하고 어설퍼도 좋은 습관을 반복적으로 행하다 보면 그 분야에 탁월해질 수 있다. 타고난 재능이 없을지라도 반복적인 습관의 실천으로 충분히 지금보다 더 나은 삶을 만들어갈 수 있다.

나쁜 습관은 우리가 가진 가능성마저 가로막는다. 잠들기 전까지 들여다보는 스마트폰은 당신도 모르는 사이에 삶의 소중한 시간을 갉아먹고 있다. 줄어든 시간만큼 당신이 변화할 기회를 박탈당하고 있는 셈이다. 스마트폰을 쓸데없이 손에 끼고 시간을 낭비하고 있지는 않은지 되돌아보길 바란다. 나쁜 습관을 없애는 방법은 좋은 습관으로 대체하면 된다. 나 역시 책을 읽는다는 핑계로 늦은 시간까지 책을 붙들고 있었지만, 스마트폰을 손에서 뗄 수 없었다. 굳이 알고 싶지 않은 정보까지 접하면서 머리를 복잡하게 했고, 마음을 흩트려 놓았다. 그러나 매일 새벽에 일어나 한 꼭지 필사를 하면서 내 안의 잠재성을 깨웠고, 그 가능성은 책 쓰기로 향했다. 그렇게 필사한 지 1년이 조금 지나 인생 첫 책을 출간할 수 있었다. 현재 《필사 POWER》《삶이 글이 되고 글이 삶이 된다》《글이 되지 않는 삶이란 없다》 공저 3권과 개인 저서《내 인생에 찾아온 필사혁명》《새벽 시간은 특별합니다》를 출간하여 글 쓰는 간호사의 삶을 당당히 살아가고 있다. 꾸준하게 내가 해온 습관은 나를 작가로 만들어 놓았고, 삶의 진로마저 바꿔 놓았다. 습관의 힘이 한 사람의 인생에 어떻게 작용하고 있는지 경험으로 깨달았다. 나를 바꿔 놓은 것은 습관이며, 내 남은 삶의 진로를 바꿔 놓은 장본인 또한 습관이었다. 나를 지키는 좋은 습관이 좋은 삶으로 데려간다. 당신이 살고 싶은 미래가 있다면, 당신의 나쁜 습관을 버리고 그 자리에 좋은 습관을 채워 넣어라. 당신의 미래가 궁금한가? 습관은 당신의 미래를 미리 보여주는 거울이다. 지금 당장 습관을 바꿔라!

걱정해도 일어날 일은 결국 일어난다

 세상의 온갖 걱정을 안고 사는 사람이 있다면 바로 나였다고 고백한다. 지금 생각하니 걱정한다고 달라질 것은 없었는데 왜 그렇게 전전긍긍하며 시간을 보냈는지 후회가 된다. 학창 시절에는 시험 기간이 되면 예민해져 있기도 했지만, 혹여나 시험을 못 칠까 봐 걱정하며 공부를 했다. 딱히 눈에 띄는 아이도 아니었지만, 어떤 상황 앞에 늘 작아져 있었던 것 같다. '잘못하면 어떻게 하지?' '실수하면 어떻게 하지?' '친구들이 나를 놀리면 어떻게 하지?' 쓸데없는 잡다한 걱정 하느라 정작 그 일에 집중하지 못했다. 막상 그렇게 걱정하던 일들이 끝나고 나면 그 걱정의 절반은 기우에 지나지 않았다는 것을 느끼게 된다. 내가 상상의 나래를 펼치던 최악의 상황은 거의 일어나지 않았고, 내가 감당할 수 있는 만큼의 상황이 펼쳐졌다. 돌이켜 생각해 보면 일어나지도 않은 일을 미리부터 걱정하느라 보내던 그 시간을 견뎌내는 일이 더 힘이 들었다. 온종일, 몇 날 며칠 오직 걱정에 사로잡혀 있느라 다른 일을 시작할 생각조차 못 했다. 실질적으로 내게 도움이 된 것도 없이 시간만 낭비했다는 사실을 깨닫는 순간, 이런 생각이 들었다. '좀 더 마음을 편하게 가져도 되는 일이었는데.' '지옥이 따로 없구나. 스스로 걱정이라는 지옥에 떠밀어 놓은 꼴이 되어 버렸어.' 이렇듯 걱정 뒤에 따라 오는 것은 후회와 자책이었다. 많은 이들이 걱정을 스스로 떠안고 살아가곤 한다. 삶에서 일어나는 크고 작은 일들에 지나치게 반응하다 보니 굳이 키우지 않아도 되는 걱정을 키운다. 이제는 안다. 걱정하지 않아도 일어날 일은 일어나게 되어 있고, 혹여 일이 생겼다고 해도 어떤 식으로든 시간이 흐르면 해결되어 있다는 것을.

걱정한다고 일어난 일이 없던 일이 될 수 없고, 그 현실이 바뀌지 않는다. 오히려 지나치게 걱정하다가 스스로 스트레스를 가중할 뿐이다. 도가 지나친 걱정은 현재를 갉아 먹는 시간 도둑이다. 인간이기에 불확실한 미래가 걱정되는 것은 어쩌면 당연한 일이다. 그러나 그보다 더 중요한 것은 다가올 일을 어떻게 받아들이고 대처할 것인가이다. 어떻게든 일어날 수밖에 없는 필연적인 일은 잠을 잔다고, 외면한다고 사라지는 것이 아니다. 미래에 대한 걱정과 두려움 속에서 스스로 소모되는 것을 선택하기보다 이 순간에 집중하며 어떤 일이 일어났을 때 해결해 나갈 힘을 비축하는 것이 더 이롭다.

   고3 말경 큰 딸아이는 대학교 입학 면접을 보러 다니느라 분주했다. 학교마다 예상되는 면접 질문을 찾아 자기 생각을 글로 정리했다. 그리고 수시로 예상 질문에 대한 답을 외우기 위해 입으로 중얼거렸다. 나름의 최선을 다하는 모습이 보기에 좋았다. 그러나 면접일이 가까워질수록 불안해하고 깊게 잠들지 못했다. 극도로 예민해져 있는 딸을 지켜보자니 억장이 무너지는 것만 같았다. 걱정하고 불안해한다고 해결될 일도 아니고, 그렇다고 면접을 안 볼 수도 없는 노릇인데 미리부터 걱정하는 모습이 안쓰러웠다. "원아, 잠이라도 푹 자. 그러다 컨디션이 안 좋아져서 면접을 그르치는 경우도 있어. 어차피 치러야 할 면접이니까 지금 네가 할 수 있는 노력을 다하면 돼."라고 말했더니 딸아이는 신경질적인 말투로 받아쳤다. "엄마가 뭘 안다고 그래? 이게 얼마나 중대한 일인데 혹시나 예상 밖의 질문이 나올 수도 있고, 제대로 못 외워서 대답도 못 하게 되면 어떻게 해? 엄마가 책임질 거야?" 여기서 한마디를 더하면 목소리가 높아질 것만 같아서 지금 내가 속상한 마음은 접어두고 짧은 격려의 말 한마디로 조용히 돌아섰다. 그리고 며칠 후 남편과 함께 대학교 면접을 다녀왔다. 어떤 일이 생겼는지 짐작이 되는가? 딸아이가 걱정했던 일은 일어나지 않았다. 자신이 뽑았던 예상 질문들 속에서 닮은꼴 질문이 나왔고, 충분히 자신이 적은 답변들과 연결해서 대답할 수 있었다고 했다. 단, 면접장에 들어가기 전까지 딸아이는 자신이 공부했던 예상 질문에서 안 나올까 봐 걱정했다고 한다. 너무 긴장한 나머지 3가지 질문 중 한 가지는 생각이 어렴풋해져 대답을 완벽히 하진 못했지만 나름 만족한다고 했다. 웃는 모습을 보니 그제야 나도 마음이 놓였다. 이어 딸아이는 면접이 끝나고 나서 긴장이 풀리고 속은 후련했지만, 반면 후회가 되었다며 이 말을 끝에 남겼다. "괜히 걱정했네. 이럴 줄 알았으면 잠이나 푹 자 둘걸."

이렇듯 우리는 실체 없는 걱정으로 두려움을 증폭시키고, 자신이 가진 능력을 최대한 발휘할 힘을 잃게 되기도 한다. 적당한 긴장감도 필요하지만, 지나친 걱정은 잘 풀어갈 상황도 그르칠 수 있다. 딸아이는 이러한 경험을 앞으로도 많이 하게 될 것이다. 그때마다 조금씩 걱정을 내려놓고 지금에 충실해야 하는 방법을 찾아가게 될 것이다. 내가 그랬던 것처럼 말이다. 걱정과 불안에서 완전히 벗어날 수 없지만, 시간이 지날수록 앞으로 일어날 일들에 대해 통제할 힘이 내게 없다는 것을 알게 된다. 예상하지 못한 변수의 일들은 인생에서 언제든 일어날 수 있고, 내가 가진 두려움이 실체가 되어 현실에 벌어질 수도 있다. 이러한 사실을 받아들인다면, 우리는 걱정으로 시간을 소모하기보다 현재에 집중하며 자신이 할 수 있는 최선을 다하는 선택을 하게 될 것이다.

 나는 한때 온갖 걱정으로 잠 못 이루는 날이 많았었다. 병원에 신규로 입사했을 당시에도 '오늘 응급상황이 발생하면 어떻게 하나.' '응급상황이 발생했을 때 넋 놓고 아무것도 못 해서 환아의 생명에 지장이 가면 어떻게 하나.' '정맥주사를 한 번에 놓지 못하면 어쩌나.' 정말 걱정이란 걱정은 다 안고 살아가는 사람이었다. 그러나 직장에서 마주하는 상황들은 시간이 지날수록 익숙해졌고, 연차가 쌓여갈수록 대처 능력도 그만큼 갖춰져 어느 정도는 해결이 가능한 문제였다. 그러나 여전히 혹시나 하는 마음은 떨쳐 버릴 수 없는 문제였다. 늘 조마조마해하며 긴장한 상태로 일을 했다. 한창 활짝 핀 꽃처럼 예뻐야 할 나이에 걱정하고, 긴장과 불안으로 하루를 살아온 것 같다. 그러나 결혼 후 아이를 출산하고 양육하면서 직장 일에 대한 고민으로부터 멀어졌다. 직장 일에 대한 걱정은 아이를 양육하는 일에 비할 바가 아니었다. 그 걱정이 아이에게로 옮겨갔다. 혹여나 나쁜 아이들에게 따돌림당할까 봐, 선생님께 사랑받지 못할까 봐. 다른 아이보다 학업에서 뒤처질까 봐, 하나부터 열까지 걱정투성이였다. 그런 내 걱정과는 다르게 지금에 와서 아이들을 보니 너무나 건강하게, 자기 할 도리를 하며 잘 자라 있다. 소소한 걱정을 하는 동안 내가 버린 그 시간이 가끔 후회된다. 좀 더 스스로 편해질 수 있었는데 그걸 못 해준 게 나 자신에게 미안했다. 마음고생이 어쩌면 몸고생보다 더 힘든 일이었다. 몸이 힘들면 쉬어주면 되는 일이지만, 마음고생은 스스로 자신을 속박하는 것들로부터 자유로워지지 않으면 오랫동안 시달려야 하는 문제였다.

  나는 글을 쓰기 시작하면서부터 그 모든 걱정의 실

체에 다가서며 더는 걱정을 깊이 다루지 않게 되었다. 머릿속에 떠도는 걱정, 고통, 괴로움, 슬픔을 틈날 때마다 글로 쓰다 보니 그러한 감정들로부터 해방되는 듯한 느낌이 들었다. 보이지 않는 것들을 글로 쓰니 조금씩 그것들의 실체가 선명해지기 시작했다. 오직 내 마음과 생각이 만든 실체 없는 두려움이었다. 두려움 그 끝에는 아무것도 없었다. 나는 그동안 만질 수도 볼 수도 없는 두려움 때문에 걱정하고, 불안해하며 자신을 힘들게 하고 있었다. 그 순간 나 자신이 너무나 가엾게 여겨졌다. 나를 힘들게 만든 것은 그 누구도 아닌 바로 나였다는 사실에 눈물이 났다. 이제 더는 작은 걱정들에 매달려 있지 않는다. 소소한 걱정거리는 누구에게나 닥칠 수 있지만, 본인의 선택에 따라 그 무게가 달라진다는 것을 알기 때문이다. 스스로 걱정을 부풀리지 않고, 있는 그대로 바라보고 받아들인다. 내가 감당할 만큼의 시련이 올 것이고, 그 시련은 어차피 잘 해결될 것이라 믿기 때문이다. 글을 쓰는 작가의 시선으로 보니, 지금껏 내가 했던 걱정도 이처럼 글이 된다는 것도 알게 되었고, 그 걱정이 있었기에 지금 내가 그 누군가를 위해 글을 쓴다. 단, 내가 하고 싶은 말은 "걱정하느라 현재를 바꿀 기회를 잃지 말라."는 것이다. 걱정 대신 그 걱정을 또 다른 방향으로 전환했을 때 미래에 대한 걱정도 덜어낼 수 있다. 미래를 미리 준비하는 것은 필요하지만, 걱정 그 자체가 미래의 문제까지 해결할 수 없다. 걱정하고 있는 것보다 지금 당장 현실을 보고 움직일 때 더 나은 내일로 이동할 수 있다.

'동아 속 썩는 것은 밭 임자도 모른다'는 말이 있다. 남의 속 걱정은 아무리 가깝게 지내는 사람도 알 수가 없다는 것을 이르는 말이다. 그렇다. 걱정이 없는 사람이 어디 있겠는가. 겉으로 드러내지 않는 이상 알 수 없다. 우리는 걱정 그 자체를 인정하되, 지나칠 정도로 무겁게 다루지 않아야 한다. 적당히 걱정하고 현실로 돌아와야 한다. 그리고 자신이 할 수 있는 것에 집중해야 한다. 생각보다 쓸데없는 걱정거리를 스스로 껴안고 사는 것은 아니었는지 돌아볼 필요가 있다. 실제로 겪었을 때 내가 걱정했던 일들이 그리 거창하지 않았다는 사실에 우리는 얼마나 많은 후회를 했었는가. 더는 걱정을 키울 필요가 없다. 혹여 지금 걱정거리가 있다면 오직 그 걱정을 어떻게 하면 해결할 수 있을지 그 해결책을 찾으면 된다. 어떤 식으로든 해결 방법은 반드시 존재한다. 그리고 그 답을 누구보다 가장 잘 알고 있는 사람은 오직 자신뿐이다. 걱정에 휩싸여 배고픈 것을 느끼지도 못하고, 먹어야 한다는 사실마저 잊고 살아서야 되겠는가. 걱정의 굴레에서 벗어나는 방법은 두려움의 실체에 다가서려는 노력이다. 걱정 속에서도 일상을 이어가면서 현재에 집중해

나가길 바란다. 닥치지 않은 일에 걱정하기보다 지금 내가 행복을 느낄 수 있는 일을 찾아보자. 친구와 만나 따스한 커피 한 잔도 좋고, 혼자 걷는 산책도 좋다. 누군가를 만나 이야기하다 보면 뜻밖의 위로를 받기도 하고, 걷다 보면 자신을 그렇게 애태우게 하던 걱정에서 벗어날 해결책이 떠오르기도 한다. 지금 당장, 밖으로 나가서 맑은 공기부터 마셔 보는 것은 어떨까? 공기가 달라지면 생각이 바뀌고, 생각이 바뀌면 마음도 변한다.

우리는 모두 점점 나아지는 중이다

 가끔 나락으로 떨어지고 있는 것 같은 두려움이 밀려올 때가 있다. 아무리 노력하고 최선을 다해 열심히 살아도 눈에 띄는 변화가 없고, 어떤 확신도 할 수 없는 삶이 버겁다고 느껴질 때가 있다. 매번 같은 실수를 하고 자책하며 '나는 왜 이렇게 허점투성이가 많을까?' 깊은 한숨이 절로 나오기도 했다. 되돌이표 같은 내 인생의 종지부를 찍고 싶을 때마다 성장곡선을 그려보았다. 변화와 성장은 직선이 아니라 오르락내

리락하는 곡선이었다는 것을 깨달았다. 가끔은 내려가기도 하고, 때로는 정체된 듯하지만, 시간이 지나고 보면 결국은 그때보다 더 높은 곳에 와있다는 것을 알게 되었다. 끊임없이 오름과 내림을 반복하며 내가 나락이라고 확신했던 순간들이 하나의 성장점이 되어 높아지고 있었다. 20년이 지나 나를 돌아봤을 때, 신입 간호사로 첫 출발을 했을 당시 얼마나 실수를 많이 했고 그 앞에 좌절했었는가. 생각해 보면 너무나 작은 실수였고, 그렇게 스스로 자책하지 않아도 되는 일이었는데 모든 것을 크게 받아들이고 스스로를 절망적 상황으로 내몰았다. 지금에 와서 보니, 그 실수가 있었기에 나는 성장할 수 있었다. 실수를 안 한 것은 아니다. 실수하는 횟수가 줄어들고 있었다. 그만큼 실수를 발판 삼아 극복하는 힘도 생겼다. 내가 한때 죽고 싶을 만큼 감당하기 어려웠던 상황이 지금의 나에겐 그다지 힘들게 느껴지지 않는다. 비교적 쉽고 가볍게 이겨낼 수 있는 여력이 생겼다. 나락으로 떨어질 때마다 같은 바닥을 마주하는 것 같지만, 그 바닥의 높이는 내가 성장하는 만큼 조금씩 올라가고 있었다.

우리는 지금 이 순간에도 성장하고 변화하고 있다. 한번 나락으로 떨어졌다고 두려워하거나 겁먹지 말자. 나락의 깊이가 깊을수록 그 바닥에서 튕겨 올라가는 반동의 힘은 크다. 그리고 그 나락의 바닥은 완전한 저점이 아니라 다음을 위한 디딤돌일 뿐이다. 나락의 순간 마주하게 되는 바닥은 다시 또 찾아올 것이다. 그러나 우리가 알아야 할 것은, 나락이 왔을 때마다 마주한 최저점은 이전보다 더 올라가 있다는 사실이다. 바닥의 실체를 두려워하지 말고 그 바닥에서 건져 올릴 배움을 기억하자. 나락 끝에 찾아온 배움이야말로 변화의 기폭제가 되어 준다.

피겨의 여왕 김연아 선수를 모르는 사람은 없을 것

이다. 그런 그녀에게도 시련과 좌절의 시간은 피해 갈 수 없었다. 김연아 선수는 어린 시절부터 '트리플 악셀'을 완벽하게 성공하려고 수없이 시도했었다. 트리플 악셀은 가장 어려운 점프 중 하나로 앞을 보고 뛰어서 공중에서 세 바퀴 반을 돌아야 하는 고난도 기술이다. 김연아 선수 하면 아사다 마오가 자연스럽게 떠오른다. 그녀는 김연아 선수와 10대 시절부터 빙판 위에서 열띤 경기를 펼쳤던 일본 국가 대표 선수이다. 그런 그녀에게 주특기가 바로 트리플 악셀이었다. 이 고난도 기술을 불과 열두 살 때 성공시켰다고 한다. 반면, 김연아 선수는 열두 살 때 공중에서 세 바퀴를 도는 트리플 점프에 더 두각을 드러냈었다. 아무리 트리플 악셀을 성공해 보고자 노력해도 뜻대로 되지 않았다. 그런 그녀가 어떻게 피겨의 여왕 자리에 오를 수 있었을까? 어린 시절부터 트리플 악셀을 완벽하게 성공시키기 위해 수없이 도전과 실패를 반복했던 그녀다. 빙판 위를 누비며 연습하는 동안 수없이 넘어지고 일어서기를 반복하며 부상도 생기고, 깊은 슬럼프가 찾아오기도 했다. 성공할 듯 말 듯 한 애타는 좌절의 순간들을 끊임없이 반복하면서도 그녀의 집념은 솟구치는 용암처럼 뜨거웠다. 포기하지 않고 연습을 거듭하는 동안 오히려 점프 실력은 완벽에 가까워졌고, 자세 또한 더 안정되어 간 것이다. 매 순간 바닥을 짚고 일어서야 했던 김연아 선수는 이전의 바닥을 딛고 더 높은 지점으로 오르고 있었다.

김연아 선수는 트리플 악셀을 완벽하게 성공하지 못했다. 그러나 쉼 없는 도전 과정을 통해 자신의 강점과 한계를 깨닫고 대신 자신이 잘할 수 있는 트리플 점프 기술의 완성도를 높이는 데 집중했다. 자신이 잘한다고 생각되는 일을 더 잘하게 하려는 굳은 의지는 성장의 밑거름이 된다. 아사다 마오는 심리적 부담감 때문이었을까. 그녀는 트리플 악셀을 하며 엉덩

방아를 찧는 일이 많아졌다. 반면 김연아 선수의 점프는 매 경기마다 더 우아해지고 아름다웠다. 뛰어난 연기 기술까지 더해져 하나의 훌륭한 예술로 승화시킨 멋진 무대를 보여주었다. 트리플 악셀이 없이도 완성도 높은 프로그램과 기술 그리고 표현력으로 올림픽 금메달을 차지할 수 있었다. 나는 그녀가 빙판 위에서 경기를 펼칠 때마다 한 마리의 우아한 백조를 보는 듯했다.

삶도 마찬가지가 아닐까. 김연아 선수가 빙판 위에서 수없이 넘어지는 과정 속에서 점프 기술의 완성도를 높여갈 수 있었듯이 우리 역시 실수와 실패를 반복하면서도 그 속에서 배워 가는 것들로 인생의 저점을 높여가고 있지 않을까. 실패 그 자체는 후퇴가 아니다. 포기하는 것이 진짜 후퇴다. 실수와 실패는 성장의 일부이며, 이것이 반복되는 과정에서 우리는 성장한다. 조금씩 이전보다 더 나은 사람이 되어 가고 있다.

　스스로 변화하고 있고, 성장하고 있다는 것을 눈으로 매 순간 확인할 수 있다면 얼마나 좋을까. 하지만 성장과 변화는 눈에 보이는 방식으로 드러나지 않는다. 매일 평범한 하루 속에서 제자리걸음을 하는 것 같은 순간이 얼마나 많은가. 나 역시 이런 생각에서 예외는 아니었다. 일 년 반 전의 나는 실직자였다. 한 여성병원에서 조리원 수간호사로 일했었다. 부서가 정리되면서 실직자가 되었다. 한순간 나락으로 떨어지는 것 같았다. 푸르던 나무가 겨울이 되면 잎사귀를 잃고 앙상한 가지만 남았을 때 바로 이런 기분이 아니었을까? 헛헛함, 처량함, 막막함이 가슴을 답답하게 했다. 나에게서 떨어져 나간 것들로 비워진 자리에 뭔가를 다시 채워야 할 준비를 해야 했다. 그렇게 나는 글을 쓰기로 결심했다. 글을 어떻게 쓰는지도 몰랐다. 아무것도 모르는 나는 매일 한 꼭지 타이핑 필사를 했다. 자판도 제대로 익히지 못했던 내가 어떻게든 한 꼭지를 필사하기 위해 타자 연습도 하기 시작했다. 남의 글 속에 감춰진 글쓰기 비법을 하나둘 익혀갔다. 한 꼭지를 필사하고 내 생각도 정리하는 시간을 가졌다. 글을 쓰고도 글이 글 같지 않아서 인스타그램에 올려도 되는지 걱정했지만, 작은 도전을 시작했다. 남의 글이든, 내 글이든 쓰는 것은 매한가지다. 필사로 글쓰기에 대한 부담을 줄일 수 있었고, 필사를 하는 동안 떠오른 생각은 내 글이 되어 나타났다. 시간이 갈수록 내 생각을 적는 일이 그리 어렵지 않았다. 한 줄이 두 줄이 되면서 하고 싶은 말이 많았다. 글을 쓰고 싶은 나를 발견했다. 마음속에 품어둔 생각과 내 삶의 흑과 백을 글로 남기고 싶다는 것을 직감적으로 알아차릴 수 있었다. 남의 글을 필사하는 동안 생각이 깊어지고, 잊고 있던 꿈이 자라기 시작했다. 또한, 글의 양이 조금씩 늘기 시작하고 글 쓸 용기까지 생겼다. 필사가 나도 모르는 사이 글쓰기 근육을 만들어 주었고, '글은 이렇게 쓰는 거야.'라며 몸으로 느끼게 했다. 남의 글을 쓴다고 내가 책을 쓸 수 있을지 수없이 의심했다. 두렵고 막막해질 때마다 다른 이의 글을 한 꼭지씩 필사했다. 지금 와서 돌이켜 보면 포기하지 않고 필사해서 참으로 다행이다. 내 글을 쓰지 않고 남의 글을 따라 쓴다고 자존심 상할 문제도 아니다. 남의 글이라도 썼기에 내 인생 첫 책을 쓸 수 있었다.

　필사를 모르는 이들에게 남의 글을 따라 쓰는 행위 그 자체가 소모적인 일로 치부될 수 있다. 그러나 뭐든 한 가지 일을 꾸준히 할 때 결과로 남는 법이다. 결코, 자신이 부단히 애쓴 일에는 흔적이 없을 리가 없다. 어떤 식으로든 남는다. 긴 글쓰기를 어려워하던 내가 지금은 한 꼭지 글을 이전보다 더 쉽게 써낸다.

한 꼭지 글을 쓸 때 첫 문장을 어떻게 쓸지 난감했었던 게 엊그제 일 같다. 첫 문장을 쓰고 나니 한 문단 쓰기로 이어졌고, 한 문단 쓰기에 익숙해지니 한 꼭지 쓰기는 수월해졌다. 한 꼭지 글 쓰는 힘이 길러지니 책 한 권 쓰는 힘도 생겼다. 모든 일에는 나름의 시간이 필요하다. 필사한다고 바로 책 한 권이 뚝딱 써지는 것이 아니다. 꾸준히 남의 글을 따라 쓰고 음미하며 떠오른 생각을 내 글로 옮겨쓰다 보면 글쓰기는 만만해진다. 글이란 것은 많이 쓸수록 글 쓸 힘은 강력해진다. 인생 첫 책을 쓰고 나니 그다음 책 쓰기가 두렵지 않았다. 작가로 살게 되면서 모든 일상이 '쓰기'에 집중되어 있다. 그간에 나는 공동 저서 3권과 개인 저서 2권을 출간한 작가가 되었다. 현재 이미 써 놓은 초고 3편을 퇴고하고 있다. 내가 이렇게까지 글을 쓰게 될 줄 꿈에도 몰랐다. 퇴고하며 초고에 담긴 글의 어색함과 부족함을 느낀다. 심지어 부끄럽기까지 하다. 이런 마음이 든다는 것은 초고 완성 후에도 필사와 글쓰기를 꾸준히 한 결과 나 자신과 글이 함께 성장했다는 증거일 것이다. 사람만이 무엇인가를 키우는 것이 아니다. 글쓰기도 사람을 새롭게 디자인하고 가꿔 나간다. 매일 더 나은 나로 가는 길을 열어주는 것이 글쓰기이다. 하루아침에 필사로 변화된 나를 볼 수 없지만, 남의 글이든 내 글이든 쓰는 시간이 쌓여 성장한 나, 변화된 나를 보게 한다.

우리는 점점 더 나아지고 있다. 비록 성장의 속도는 느리지만, 나의 바닥이 조금씩 높아지고 있다는 것을 믿으며 글을 쓴다. 매번 내 마음에 쏙 드는 글을 완성할 수 없다는 것을 알지만, 그 자체로 절망하지 않는다. 나는 고정되어 있지 않다는 것을 알기 때문이다. 이미 써 놓은 초고를 보며 한 문단조차 쓰기 어려워하던 내가 이제는 제법 논리정연한 글을 쓰고, 조금은 세련된 단어를 찾아가는 것을 보며 확실히 이전의 나보다 한 단계 올라섰음을 느낀다. 불안했던 삶도 조금씩 안정을 찾아가고 있고, 작가로 살고 싶은 내가 무엇을 해야 하고 어떤 것을 하지 말아야 할지 이제는 조금 알 것 같다.

'지금'은 인생이라는 커다란 성장곡선을 놓고 보면 어느 지점의 '바닥점'에 있을지도 모른다. 그러나 중요한 것은, 우리가 머물러 있는 이 바닥점조차 멈춰있지 않고 점점 높아지고 있다는 사실이다. 삶의 끝에 이르렀을 때 자신의 인생 곡선을 돌아본다면, 위를 향해 길게 뻗은 하나의 선을 발견하게 될 것이다. 내가 정상이라고 느꼈던 순간이 어느새 저점이 되어 있고, 내가 바닥이라고 느꼈던 순간들조차 결국 오름의 과정이었음을 깨닫게 될 것이다. 과거에는 감당하기조차 버거웠던 일들이 지금은 견딜만해졌고, 쉽게 포기하고 좌절했던 상황도 이제는 한 번 더 버틸 힘이 생겼다. 나는 예전의 나보다 성장했고, 지금 이 순간에도 성장하는 중이다. 이전의 나보다 더 괜찮은 나를 만나 참 다행이다. 뚜렷한 변화를 기대하기보다 지금 내가 하는 일을 꾸준히 하다 보면 그 일을 통해 조금씩 성장한 나를 만나게 될 것이다. 더 결집 된 나, 한결 여유 있는 나, 쉽게 아랑곳하지 않는 나로 거듭나 있는 나에 대해 등 두드려 줄 날이 반드시 올 것이다. 우리는 모두 점점 더 나아지고 있다는 것을 기억하자.

자기다운 삶을 살아라

'꽃은 그 자체로 자기답다.'

 우리는 꽃을 보면 그 자체로 아름답다고 느낀다. 저마다의 꽃은 자신이 어디에서 어떻게 피고 질 때 온전히 아름다울 수 있는지 안다. 주변 환경에 영향을 받으며 자라지만 절대 다른 꽃이 될 수 없다는 것도 잘 알고 있다. 자신과 맞지 않은 환경에서는 이내 시들고 만다는 것을 알기에, 자기가 아닌 것을 부러워하거나 탐하지 않는다. 오직 스스로 완벽하게 피어나는 일에 집중한다. 자연의 너른 들판에서 햇볕을 받으며 자라야 하는 꽃이 있고, 햇볕을 피해 그늘진 곳에서 자라야 하는 꽃도 있다. 잎의 넓이도, 꽃잎의 모양도 다른 저마다의 꽃으로 존재의 아름다움을 보여준다. 자기의 잎이 넓고 크다고, 좁거나 작다고 불평하지 않는다. 자기 꽃잎이 왜 이렇게 붉냐고 혹은 푸르냐고 투정 부리지 않는다. 어떤 꽃은 향기가 있는데, 자기는 향기가 없다고 해서 우울해하지도 않는다. 꽃은 저마다의 방식으로 뿌리를 내리고 자기 꽃 필 자리를 안다. 그 자체로 고유한 아름다움을 담고 피어나 자신의 존재를 만천하에 당당히 드러낸다. 꽃을 보면 자연스럽게 발길이 멈춘다. 자기만의 방식으로 나고 지는 방법을 알기에 온전히 그 자체로 아름답고 기특하다. 만약 꽃이 다른 꽃이 되고 싶어 한다면 그 꽃은 자신만의 고유한 색과 모양을 잃게 될 것이다.

우리는 살면서 타인의 기대와 사회의 기준에 맞추려 얼마나 애를 쓰고 있는가? 자기다운 삶을 살아가기 위해서는 타인의 모습에서 나를 찾으려 하지 말고, 자기 안에서 자기만의 방식을 찾아야 한다. 자신을 잃고 다른 사람처럼 살아가는 것이 무슨 의미가 있을까? 나의 색과 어울리지 않는 것은 살아가는 내내 스스로를 불편하게 만들 것이다. 꽃이 본연의 색과 모양을 지키듯 우리 역시 자기다움을 지키며 살아야 한다. '자기다운 삶을 살아라'는 말은 자신만의 색을 찾고, 그 색으로 세상을 자유롭게 누리라는 의미다. 우리는 세상 속에서 각자의 방식으로 자아를 찾아가고 있다. 자기의 고유한 아름다움을 찾고, 독보적인 본연의 나를 지키며 주변의 상황과 조화롭게 살아가는 것이 진정한 삶의 의미가 아닐까?

병원으로 임상 실습을 나오는 학생 간호사들에게

가끔 하는 질문이 있다. 그러면 내 질문을 받은 학생 간호사 대다수가 이렇게 말했다.

"왜 간호과를 선택했어?"
"엄마가 가라고 해서요."

이것이 현실이다. 자신이 좋아하고, 하고 싶은 것을 선택하기보다 부모님의 기대에 부응하기 위해 공부한다. 자신이 살아가야 할 미래마저 타인이 결정해 준 셈이다. 그래서일까? 자기의 적성과 맞지 않는다는 것을 깨달은 순간 학기 중에 휴학하거나 아예 자퇴하는 학생들도 있었다. 분명 실습자 명단에 이름이 적혀 있는데 학생이 없어 실습 나온 학생에게 물어보면 휴학이나 자퇴했다고 말했다. 나는 그때 많은 생각이 들었다. '취업이 걱정되어 간호과를 억지로 보내다 보니 이런 사달이 나는구나.'

나 역시 부모님의 기대에 어긋나지 않기 위해 노력했던 한 사람이다. 다행히 나는 간호사가 되고 싶어서 간호학과를 선택했지만, 마음 한편으로 취업을 해야 부모님의 노고를 덜어줄 수 있다는 생각에 늘 마음이 무거웠다. 이 또한 부모님께 실망을 안겨 드리고 싶지 않은 마음에서 기인한 것이다. '간호사 국가 고시에서 떨어지면 부모님께서 크게 슬퍼하실 텐데.' '좋은 병원에 취업해서 효도해야 하는데.' 선택과 결과 앞에 나보다 부모님의 마음을 먼저 살폈다. 그리고 사회에 나와 직장 생활을 하는 내내 선배의 눈치를 보느라 온전히 직장 생활이 주는 즐거움을 누릴 수 없었다. '실수하면 어떻게 하지?' '나 때문에 퇴근이 늦어지면 어떻게 하지?' '선배는 이런 것을 좋아할까?' 삶의 중심이 '나'에게서 벗어나 '타인'에게 옮겨가 있었다. 다른 이들의 기대에 맞춰 산다는 것이 얼마나 피곤하고 힘든 일인지 뼈저리게 느끼며 살면서도 그것을 바꾸려는 생각을 못 했다. 상하관계가 분명한 직업이니 당연히 후배로서 위에서 시키는 대로, 바라는 대로 눈치껏 움직여야 한다고 생각했다. 거절이 어려웠다. 이 생활은 결혼해서도 마찬가지였다. 결혼 후에는 남편에게, 출산 후에는 아이들의 기대에 맞춰가는 삶을 살고 있었다. 나는 그 누군가의 필요를 충족시켜 주는 사람으로 살아가기 위해 태어난 사람 같았다. 점점 더 내가 무엇을 좋아하는 사람인지, 무엇이 나를 행복하게 하는지조차 모르는 사람이 되어 가고 있었다. 당신도 혹여 나처럼 다른 이의 기대에 맞추어 사느라 자신을 잃고 살던 때가 있었는가?

2023년 6월 이후부터 지금까지, 나는 '온전한 나, 나다운 나'로 살아가는 여정에 있다. 지금은 확실히 내가 무엇을 좋아하고, 어떤 삶을 살고 싶은지 명확하게 말할 수 있다. 그런 나로 살기 위해 시간을 허투루 쓰는 법도 없다. 한 걸음을 내딛어도 나답게 걷고, 한 번을 웃어도 나답게 웃는 법을 찾아가고 있다. 내 인생은 내가 만들어가는 것이라며 남은 삶을 나라는 색을 온전히 담아내기 위해 몰두하고 있다. 어떻게 이것이 가능했을까? 2023년 6월 30일은 내가 실직자가 된 날이다. 일하던 부서가 문을 닫고 마지막으로 입은 가운과 내려놓은 명찰을 기억한다. 나를 속박하던 일로부터 멀어지는 순간 해방될 줄 알았는데 '나'란 사람을 무엇으로도 설명할 수 없다는 것이 슬펐다. 더는 누군가의 명령에 고개 숙일 일도 없고, 이제는 자유롭게 하고 싶은 것을 다 하면 될 것 같았는데 이 마음과는 달리 채울수 없는 허기가 졌다. 문득 나란 존재가 궁금해지기 시작했다. 내가 어떤 일을 해야 나답게 살 수 있을까 고민하기 시작했다. 당장 이 고민에 대한 답을 찾을 수 없다면 남은 삶 역시 지금처럼 살아야 한다는 것이 두려움으로 다가왔다. 직장에 얽매이지 않고도 언제든 내가 할 수 있는 일이 뭘까 생각했다. 그 고민 끝에 얻은 해답이 바로 글쓰기였다. 글을 쓰기 위해 필사를 시작했고, 필사하면서 내 안의 정체성을 찾아갔다. '나는 글을 읽는 것뿐만 아니라 쓰는 것을 좋아하는 사람이었구나.'라는 사실은 일생 처음으로 내 마음을 강하게 휘감았다. 다른 것은 눈에 보이지 않았다. 오직 글 생각뿐이었다. 글쓰기는 자신을 알아가는 데 큰 도움을 준다. 전혀 의도한 바가 없어도 내 안에 뒤엉켜 있던 감정과 생각들이 막힘없이 글로 쏟아지기 시작했다. 그동안 글이 쓰고 싶어서 어떻게 살았나 싶을 정도로 나를 드러내는 데 망설임이 없었다. 비워낸 만큼 마음과 머릿속이 개운해진다는 것을 느꼈다. 글을 쓰는 동안 많은 것을 배우고 깨달음을 얻었다.

'내가 쓰는 글이 내 삶이자 곧 나 자신이다. 내가 아

닌 것을 글로 쓸 수 없다.'

 글을 쓰는 동안 나만의 색을 찾아간다. 내가 어떤 색을 지닌 사람인지 알면 알수록 아프고 쓰리다. 그 고통을 온전히 느끼고 난 뒤에는 오롯한 나만 남는다. 글 안에 스며든 나의 향기는 누구도 흉내 낼 수 없고, 나만이 그 고유한 향기를 담아낼 수 있다. 다른 이의 글은 다른 이의 삶이다. 나만이 내 삶을 생생하게 글로 쓸 수 있다. 내가 다른 이의 글을 아무리 따라 써도 그와 똑같은 글을 쓸 수 없는 것은 내 삶이 아니기 때문이다. 비슷하게 흉내는 낼 수 있을지라도 그건 완전한 내가 아니라는 것을 안다. 나를 속이지 않고 나답게 글을 쓴다는 것이 얼마나 큰 영광이고 기쁨이자 즐거움인지 안다면 타인의 글에서 나의 글을 쓰려고 하지 않을 것이다. 자기다운 삶은 스스로 자신이 어떤 색의 옷을 입고 있는 사람인지를 명확히 알 때 누릴 수 있다. 어떤 것이 좋다 하여 그것에 쉽게 휘둘리는 것은 자신이 어떤 사람인지 선명하지 않기 때문이다. 자신이 누구인지를 아는 사람은 자기답게 누리는 방법을 알고 있기에 여기저기로 휩쓸리지 않을 힘이 있다. 진정한 자기다움이 무엇인지 찾아가는 데 가장 좋은 방법은 글쓰기가 아닐까.

자기다운 삶은 다른 이의 기대와 기준에 맞춰진 삶이 아니다. 자기다운 삶이란, 자기가 누구인지 알고, 자신이 진정으로 원하는 것을 추구하는 삶이다. 꽃이 다른 꽃을 닮으려 하지 않고 자기만의 색과 향기를 품고 피어나듯, 사람 역시 다른 이의 삶을 따라가기보다 자기만의 방식을 따를 때 진정한 삶의 의미를 찾을 수 있다. 자기답게 삶을 산다는 것은 다른 이가 뭐라 하든 눈치 보지 않고 내가 옳다고 믿는 것을 따라가는 것이다. 자신이 무엇을 원하고, 어떻게 삶을 살아야 스스로 행복할 수 있을지에 대한 질문이다. 결국, 그 해답을 찾아가는 과정에서 자기 이해와 자기 사랑의 중요성을 깨닫게 될 것이며, 어떤 삶이 의미가 있는지에 대한 해답도 찾게 될 것이다. 다른 이의 그림자처럼 살기보다 내 그림자조차도 나를 닮은 삶을 살아야 한다. 꽃이 한자리에서 뿌리를 내리듯 자신의 꽃자리를 찾아 자기답게 뿌리를 내리고, 본연의 나로 거듭나는 인생을 살기를 바란다. 나에게로 통하는 길은 오직 나만이 알고 있다.

Chapter 3

인생이란 무엇인가

김지연 작가

인생이란 무엇인가

'인생이란 무엇인가?' 라는 물음에 한마디로 답하자면, 나는 자신있게 인생이란 즐겁고 행복한 것이라고 말한다. 그래서 죽지 않고 살고 싶은 것이고, 살아가면서 가치를 찾아가고 싶은 것이다.

좋았던 일보다 힘들고 어려웠던 일을 오래 기억한다. 그래서 감사한 것보다 섭섭한 것이 더 많을 수 있다. 특정한 안 좋은 기억에 사로잡히면 인생이 우울해진다. 우울함이란 절대로 인생의 본질이 아니다. 인생이란 본디 즐겁고 행복한 것이다. 간혹 난관이 찾아올 때는 힘든 시간을 보낼 수 있지만, 언제나 결말은 행복한 방향으로 이어져 있기 때문에 무엇이든 잘 헤쳐 나갈 수 있다.

사람은 누구나 이기적이다. 사실 이기적이라는 표현도 매우 한정적인 것이다. 이기적인 것이 스스로를 위하는 현명한 것이기 때문이다. 매순간 크고 작은 선택의 기로에 선다. 고민 끝에 고르고 골라 가장 가치 있고 최선의 것을 선택한다. 이러한 움직임도 결국은 행복에 이르기 위한 노력이라고 볼 수 있다. 스스로를 위한 가장 좋은 선택을 하는 것에 비판적이라면, 그건 행복에서 동떨어진 불행을 자초하는 일이라고 볼 수 있겠다.

살아가면서 즐겁고 재미있는 일은 많다. 언제나 유쾌한 삶의 중심에 내가 서 있다. 나는 내가 만나는 사람을 선택할 수 있고 어떤 방향으로 이끌 수 있을지에 관해서도 모두 나에게 달려 있다. 휩쓸리듯이 사람을 만나고, 내가 만나는 사람에 의해 내가 휘둘리는 일이 있어서는 안 된다. 나와 결이 안 맞는 사람과는 과감히 멀어질 냉정함을 가지고 있어야 한다. 또한 한때 좋았던 사람이라고 해도 감정이 변질되면 놓아줄 수 있어야 한다. 또한 좋아하지도 않으면서 타인을 집착해서도 안 된다. 사랑했던 사람에게 모욕을 당하고, 좋아했던 사람에게 버림을 받아도 마지막에는 평정심을 유지할 수 있어야 한다. 그래야 인생의 행복감이 유지될 수 있다.

누구나 행복한 인생을 꿈꾸지만, 자기 인생이 행복함을 인정하는 경우는 아마도 많지 않을 듯하다. 왜 스스로 행복하지 못한지에 대한 이유도 잘 알고 있을 듯하다. 그러므로 인생에서 행복은 크게 드러나 있는 간판같은 것이 아니다. 숨어서 피는 꽃처럼 잘 찾아야 있는 것이기도 하다.

  인생의 본질은 행복에 있다. 지나간 세월은 모두 아름답고 다가올 미래는 기대되는 것이다. 그리고 지금 이 순간은 더할 나위 없이 소중한 것이다. 사람을 잘못 만나 고통이 만들어지고, 그 고통의 힘을 약하게 빼앗아가는 것이 인생이다. 인생의 곁에는 시간이 묵직하게 흘러 모든 것을 잊히게 한다. 또한 결이 맞는 사람을 만나 즐거운 한때를 보내고 두고두고 추억할 수 있는 인생의 특정한 시점을 만들기도 한다.

  인생이란 고통과 즐거움 사이에서 균형을 잡으며 끝내는 행복의 강한 힘으로 빨려들어가는 긴 여정이라고 할 수 있겠다.

거짓말을 하지 말아야 한다

사람이 혼자 살 수 있다면 얼마나 좋겠는가. 혼자 살아간다면 위선이나 거짓말이 필요하지 않다. 함께 살아가야 하고, 때로는 민낯을 보여주기 어려운 순간이 올 때마다 때로는 포장과 허위가 필요해진다. 당찬 '솔직함'으로 이 세상에서 승부하려면 얻는 것도 없이 허무해질 수 있다.

성공하기 위해서는 사람들의 관심과 주목이 필요하다. 그러려면 다른 사람들은 갖지 못한 나만의 차별화

전략이 필요하다. 보통 이것을 찾지 못해서 그냥 있는 듯 없는 듯 튀지 않고 조용히 살아간다. 여러 사람이 함께 하는 사회에서 혼자 튀는 행동을 하면 어떤 결과가 찾아오는지 너무 잘 알기 때문이다. 차라리 이렇다 할 재능이 없이 그냥 꾸준한 성실함 하나로 주변 사람들과 온화하게 지내며 인생을 해로하는 게 가장 순탄한 길이 아닌가 한다. 그러기 위해서는 출세나 성공도 필요 없고, 모나지 않게 적당하게 맞춰 살아가며 스스로의 위치에 머물면서 만족해야 하는 자세가 필요한 것 같다.

성공과 출세에 대한 욕망이 커서 스스로를 속이고 남도 속이는 거짓말을 숱하게 봐왔다. 거짓말이 얼마나 차곡차곡 설계가 잘 되어 있는지 많은 사람들이 길고 오래도 속았다. 사실 빚쟁이이면서 입지전적 자산가인 척, 매일 전전긍긍하면서 살아가면서 잘 나가는 척 그러한 위선을 참으로 많이 봐왔다. 그럴 땐 그냥 솔직히 말하라고 말해주고 싶을 정도다. 남들 눈에 부자로 보이고 싶고, 똑똑하게 보이고 싶고, 화려하게 보이고 싶어서 애쓰는 그 모습이 짠함 그 자체일 뿐인데.

누군가 지나치게 돈 많은 척, 성공한 척을 하면 그 사람 사는 집의 등기부등본이 궁금해질 때가 있다. 등기부등본이라도 깨끗하면 믿어줄 수 있다.

무언가를 잘한다는 게 사실 정말 너무 어렵다. 잘하면 좋긴 한데, 그 진입장벽은 정말 너무 높다. 그럼에도 많은 사람들은 도전하고 욕심을 낸다. 그게 어렵다 보니, 거짓말을 하는 것이다. 거짓말이라는 게 얼마나 매력적인지 하면 할수록 깊어진다. 또한 듣고 싶은 것만 듣고 믿고 싶은 것만 믿는 심리가 작용하다 보니, 훗날 진실이 밝혀져도 오히려 진실을 믿지 않고 왜곡하는 일까지 벌어진다.

남의 시선 생각하지 말고 사는 것이 중요하다. 그 이

유는 거짓과 위선에서 벗어날 수 있기 때문이다. 거짓과 위선의 끝에는 언제나 파국만이 존재한다.

어떤 때라도 나 자신은 소중하다

 사랑을 받을 때의 행복감을 생각해 본다. 그 사람이 나를 바라보는 눈빛이 부드럽고 따뜻하다. 말도 상냥하다. 그 사람은 나도 모르는 장점을 찾아낸다. 나의 자존감은 크게 상승한다. 내가 이렇게 멋진 사람이었구나. 이건 비단 연인들 사이에서만 있는 일이 아니다.

 반대로 누군가에게 미움을 받을 때면 어떻겠는가. 대할 때마다 힘들고 눈을 마주치기도 싫다. 말투는 거칠고 온통 나의 부족함만을 지적받는다. 나의 자존감은 크게 떨어진다.

한때 사랑했으나 그 사랑이 사라지고 이제는 미움만이 남은 관계에 대해서 생각해 본다. 사랑했던 시간은 짧고 미움은 길게 남아, 좋았던 추억은 거짓이 되고 서로 간의 미움과 배신감만이 본질로 오래 남는 것이 아니겠는가.

사랑에 있어 가장 큰 배신감을 부르는 게 무엇일까? 바로 사랑했다가 마음이 변하는 것이다. 나는 그 사람이 날 사랑한다고 꼭 믿고 있었는데 그게 아니었을 때 분노하게 된다. 거기다가 내가 아닌 다른 사람을 사랑하게 되면 눈에 뵈는 게 없어질 수도 있다.

타인과의 관계는 그때그때 공기에 따라 상대적으로 달라진다. 그러나 나는 언제나 일정한 모습으로 일정하게 존재한다. 그 사람이 바라보는 시각이 달라진 것이지 나 자신이 달라진 것이 사실 없다.

그러므로 타인과의 관계에 따라 나 자신의 가치를 부여해서는 안 된다. 누가 날 좋아하든, 싫어하든 나는 언제나 소중한 존재다. 누군가 나에게 상처를 주면 맞서 싸울 필요 없이 그냥 떠나면 된다. 아직 미움이 많이 남아 있는데 떠나버리면 그 사람도 답답하다. 모든 미움은 사랑을 기반으로 한다. 사랑이 처음에 있어야 미움이 되는 것이다. 그러나 한번 미움이 되어버리면 다시 사랑으로 돌아오지는 않는다.

타인에 휘둘려서는 안 된다. 누굴 만나고 만나지 않을 것인지는 선택할 수 있다. 이별은 흔하고, 살다 보면 이혼할 수 있고 절교할 수 있고 절연할 수 있다. 누구든 인간관계의 끊어짐을 바라는 경우는 없어서 절연 당했다는 것만으로도 충분히 타격감을 줄 수 있다. 나도 널 잃게 되어 슬프다. 너도 그래야지. 너도 날 잃어서 슬픈 구석이 있어야지. 이제 너는 나와 상관없는 사람이라는 단호한 입장.

그러한 강단을 내리기 위해서는 무엇보다 나 자신이 소중하다는 생각을 가지고 살아야 한다.

인생에서 만나는 허무한 순간

 매사 선택의 기로에 서서 살아간다. 인생에서 중요한 건 시간 낭비를 하지 않는 것이다. 열정을 가지고 어떤 일에 뛰어들었지만, 생각지도 못하게 예상했던 결과물을 얻지 못했을 때가 있다. 그럴 때는 과거로 돌아가고 싶을 지경이다. 그 길은 아니라고, 과거의 나에게 말해주고 싶다. 잘못된 선택은 후회와 시간 낭비를 부른다.

 살아가면서 타인의 인정은 필수 불가결하다. 혼자

서 노력한다고 얻을 수 있는 게 아니다. 주변에서 도와주고 따라줘야 수월하게 일을 헤쳐 나갈 수 있다. 그러니 전체적인 분위기도 중요하다. 밀어주는 분위기여야지, 막힘이 많으면 곤란하다. 그러니 사람을 잘못 만나면 제동이 걸릴 수밖에 없다.

가급적 붙여주려는 시험에 도전해야지, 무의미한 경쟁을 일으켜 떨어뜨리려는 의도가 다분한 시험에는 도전하지 않는 것이 좋다. 물론 매우 뛰어나서 다 이길 자신이 있다면 다르겠지만 객관적으로 승률을 생각해 보길 바란다. 단 한 명의 우승자를 위해서 수많은 사람을 탈락시키는 구조는 단 한 사람에게만 영광이 주어져서 그 로스가 너무 크다. 놀랍게도 선택받은 사람의 인생이 갑자기 달라지거나 하는 일은 없다. 탈락자나 우승자는 비슷비슷한 인생을 살아간다. 인생 역전 같은 건 사실상 없다.

사람은 덕을 쌓고 살아야 한다. 남의 인생을 막는 사

람 치고 끝에 잘 되는 경우는 못 봤다. 못 되게 굴면 그 업보는 다 돌려받게 되어 있다. 이건 내가 정하는 것이 아니다. 세상의 매커니즘이다. 세상의 이치라는 게 정말 신기하고 무서울 정도다. 그러니 그런 일에 협력해서는 안 된다. 사람은 자기 본분을 다 해야 하고 선한 마음으로 다 같이 함께 잘 살자는 마음으로 살아가야 하는 것이다.

인생에서 허무한 순간은 '안 되는 일'에 봉착했을 때다. 생각지도 못하게 그런 일은 생긴다. 나에게도 '안 되는 일'이라는 게 2번 찾아왔다. 기대와는 다르게 본분을 잃은 사람을 2번 만났다. 그들은 겉으로 화려한 사람들이라 너무 좋게만 본 게 화근이었다. 많이 방황했지만, 그냥 두 번 다 편안하게 놓아주고 뒤돌아보지 않았다. 이 부분에서 너무 힘들어서 더 이상 인생에서 많은 일을 벌이지 않는 계기가 되었다.

모든 일에는 원인과 결과라는 게 있다. '안 되는 일'

이 생기는 데에도 분명 이유가 있다. 갑자기 참담한 결과를 맞이했으니 원인을 찾아야 한다. 잘 생각해 보니, 내가 부족한 부분, 내가 미흡했던 부분, 내가 놓쳤던 부분, 그냥 잊어버린 타인의 심정 등이 많았다는 것을 새삼 깨닫게 되었다. 그래서 한동안 마음이 많이 아팠다.

남을 원망하는 마음이 의미 없다는 것을 잘 알고 있다. 나는 원래 마음 정리를 너무 잘하는 사람이라 뒤를 돌아보지 않는 성격이다. 한번 끝이면 그냥 끝이다. 슬퍼하는 것도 하루이틀이면 끝이다. 하지만 다른 사람들도 그럴까? 나를 잃게 된 다른 사람들은 안 그럴 수도 있다. 내가 누군가의 가슴에 아주 오래도록 남을 수도 있다.

인생에서 허무한 순간을 만나지만, 그 순간을 이기는 힘은 바로 스스로를 성찰하는 데 있다고 생각한다. 타인과의 조화 속에서 살아가는 인생에서 가끔 막다른 길을 만나고 그 길에서 벗어나 새로운 길을 찾아가는 여정이 인생이라고 생각한다. 비록 실패를 겪어도 그 속의 인과관계를 밝히는 성찰의 시간을 가지며 긍정의 메시지를 찾아보려고 한다. 인생은 누군가가 설계한 미로가 아니다. 많은 이정표가 있고 목적지를 선택할 수 있는 지도다.

떠나가며 새 길을 찾는다

매사에 열정적인 것이 장점이라면 장점이고 단점이라면 단점이겠다. 열정을 가지고 뭔가를 한다는 것이 반드시 좋은 일만은 아니었다. 그래도 자기 계발의 근원은 열정에 있다. 이 열정이라는 것이 보는 이에 따라서는 욕심이라고 볼 수도 있겠다. 열정이라는 게 얼마나 사람을 움직이게 하고 도전하게 만들어서 결과적으로는 굉장히 피곤하게 하고 지치게 한다.

혼자서 아무리 노력한다고 한들, 주변에서 따라주

지 않으면 한계라는 건 존재한다. 나는 매번 목표를 설정하고 그에 맞는 노력을 해서 결과를 맞이하는 성향이었다. 실패를 할 경우 나 자신에게 몇 번의 기회를 더 줘 보고, 그래도 전망이 보이지 않으면 더 이상 그 길을 가지 않도록 스스로를 제한했다.

앞이 가로막힌다는 생각이 들 때면 나는 깊은 고민에 빠졌다. 그럴 때마다 나는 어떠한 선택을 했는가. 나는 나와 안 맞으면, 그에 대한 이야기는 거의 하지 않았다. 누군가 나를 못마땅하게 생각하고 싫어한다면 그것을 개선할 수 있는 방법은 사실상 없다고 보았다. 혼자서 깊은 실망감에 빠져 있는 동안 괴롭기도 했다. 언제나 나 혼자만의 문제였다. 누군가 나의 말에 귀 기울여 줄 거라고 기대조차 하지 않았다. 어차피 나의 의견은 무시되고 괜한 말로 구설에만 오를 거라고 생각했다.

그래서 나의 결론은 항상 이것이었다. 내가 떠나

는 것. 마음에 안 들면 떠나면 된다고 생각했다. 여기를 떠나서 다른 곳으로 가면 또 다른 세계가 있다. 그곳에는 이전에 나를 고민하게 했던 여러 가지 불편한 점이 사라져 있었다. 문제는 고칠 수 없지만 주변 사람을 싹 바꾸면 많은 것들이 고쳐진다. 그래서 문제가 생기면, 그 문제를 해결하려고 하기 보다는 아무렇지도 않은 척 표정 관리를 하며 어느 날 나는 떠나겠다고 결심을 했다. 아무것도 바꾸려고 하지 않았고 어떤 말도 하지 않았다. 복잡하다고 생각했고 귀찮고 피곤하다고 생각했다. 그리고 나는 반드시 떠났다. 무척 홀가분했다. 그리고 뒤돌아보지 않았다. 왜냐하면 이전의 일은 없었던 것처럼 다 지우기 때문이었다.

누군가가 말했다.

"네가 힘들었구나."

맞는 말이었다.

또 어떤 이는 말했다.

"왜 말없이 가고 그래."

맞다. 갈 때는 말없이 간다.

내가 떠나는 사실은 적어도 타인들에게 약간의 놀람을 주는 충격을 주곤 했다. 사실 이게 누군에게 배신감이 될 거라고는 생각하지 못했다.

문제는 이러한 정리 과정에서 사람에 대한 정까지도 정리를 했다는 것이다. 그래서 스트레스도 없었고 정서적인 리스크도 없었다. 누군가를 사랑했던 마음도 그렇게 다 정리했다. 그가 나를 자기 기준 미달이라고 생각하는구나, 내가 많이 부족한 사람처럼 여기는구나, 싶은 생각이 들어 뒤돌아보지 않고 마음을 정리했다. 그에게 어울리는 사람은 따로 있고, 나는 아니라고 생각했다. 그러니 서운할 것도 없고 섭섭할 것도 없다. 다만 내 마음속에 조각조각 난 채 두둥실 떠다니는, 내가 그를 사랑하는 마음만 다 정리해서 내다 버리면 끝이라고 생각했다. 그래서 다시는 그의 눈앞에 나타나지 않겠다고 다짐했다. 그에게 다시는 내 모습을 보여주지 않는 것을 내가 할 수 있는 최고의 행동이라고 생각했다. 그에게서 내가 나를 빼앗는 행동. 그도 나를 잃은 셈이다. 그가 정말 나를 사랑했다면, 이제 나를 볼 수 없는 것으로 충분한 상처가 될 거라고 여겼다. 진실로 사랑하지 않았다면 안 봐도 상관없을 거라고, 그럼 더 잘된 일이라고 생각했다. 타인의 마음에 관해서는 그렇게 간단히 정리했다.

어째서 나는 그렇게 떠나갈 수 있었는가. 바로 갈 곳이 있었기 때문이다. 만일 내가 더 이상 갈 곳이 없었다면 그 이유 하나만으로도 떠나지 못했을 수도 있겠다. 좋든 싫든 마음을 단단히 감추며 그저 잔류해야 했을 것이다. 누군가 나를 헤아려주지 않아도 그러한 기대조차 하지 않으므로 내려놓고 살아갈 것이다. 사실 그러면서도 그대로 익어지고 그 자체를 받아들일 수도 있었다고 생각한다. 잔류하면 잔류하는 대로 그 삶이 열린다.

언제나 새로운 길은 주어졌다. 좋은 길만 주어진 건 아니다. 가다가 갑자기 끊어지는 길, 처음에는 풀밭이었다가 가시밭길로 바뀌는 길 여러 길이 있었다. 진짜 인연이라고 볼 수 없는 길에는 언제나 수명이 존재했다. 수명이 다하면 떠나야 했다.

진짜 내 인생, 진짜 내 길이란 있다. 떠날 필요 없이 온전히 내 것인 것. 그냥 나 자체인 것. 나는 돌고 돌아 많은 길을 만나고 떠나보내면서 그렇게 나 자신을 찾아갔다. 그리고 오직 결별과 이별만이 성숙함을 만들 수 있다. 나는 이것을 인생이라고 부른다.

용서하면서 성숙해진다

문득 생각하게 되었다. 왜 한때 사랑했던 사람과 등 돌리게 되었는가. 과거의 어느 날에는 함께 웃고 떠들고 따뜻하고 말랑말랑한 사랑이라는 감정을 느꼈었는데, 이제는 헤어져서 서로를 미워하는 결말이 우습고 허무하다. 추억이 있다면 그래도 좋게 봐줄 수 있는 이유라도 되지 않을까? 왜 모르는 남보다도 못해지는 걸까. 나는 누군가를 미워하는 게 의미 없다고 생각한다. 또한 한때 사랑했던 이라면 불화로 끝났다고 해도 굳이 미워하지 않아도 좋다고 생각한다.

헤어지는 건 서로 뜻이 달라서다. 이미 헤어졌으므로 화해할 수 없다. 또한 용서를 한다고 해도 관계상 달라지는 건 없다. 헤어진 것은 헤어진 것이다. 다시 만나기 위해서 용서하거나 화해하는 것이 아니다. 다시 만날 일이 없다고 해도 그래도 서로를 편하게 여기는 게 좋지 않을까? 나는 내 마음 편하자고 미움이라는 감정을 진득하게 품지 못하는 성향이다. 가지고 있으면 힘들고 어려우니 놓아버린다.

그러고 보면 용서는 나 혼자 한 셈이다. 사실 난 나에게 상처 준 그를 오래전에 다 용서했다. 그 사람이 그렇게까지 할 필요는 없었는데 지나쳤다는 생각도 들었다. 그만큼 나에 대한 사랑이나 배신감이 컸던 모양이다. 나는 어째서 그가 배신감을 느끼도록 했을까?

남자는 자길 떠나는 여자를 용서하지 않는다. 여자가 사과를 해도 통하지 않는다. 아무 말도 듣기 싫고 꼴도 보기 싫어진다. 그냥 자길 떠났다는 것만으로 평생 미워하고 분노한다. 절대로 여자를 이해하지 않는다. 도량이나 관대함 따위 존재하지 않는다.

 남자에게 있어 여자가 오직 자기 한 사람만을 사랑하는 시간을, 나는 '순결한 시간'이라고 부른다. 다른 이성이 없이 온전히 그 사람 하나만 사랑하는 시간. 그러다 관계가 흔들리고 다른 이성을 바라보면, 그 순결성을 사라지고 원래 두 사람의 관계는 지독하게 변질된다. 행복은 그 순결한 시간에만 존재한다. 사랑했지만 변심했다면 더 이상 사랑이 순결한 감정일 수 없다. 그러면 엄청난 비난과 미움이 따르는 것이다.

 나는 그를 사랑하다가 나 자신을 더 사랑하게 되었다. 나의 죄는 아마도 변심일 것이다. 현실과 타협하며 늘 현명한 선택을 했다고 자부했지만, 나의 '순결한 시간'은 그렇게 변질되었다. 남자는 자기를 가장 사랑해야 한다고 생각한다. 그게 진짜 사랑이라고 믿는다. 그래서 그는 용서하지 않았고 나는 여전히 미움을 받고 있다.

남자와 여자의 사랑은 다르다. 남자가 여자에 대한 배신감을 느낀다면, 그 배신감이란 아주 크다. 남자는 여자의 마음이 순결해야 하며, 온전히 자신의 것이어야 한다. 그럴 때 그는 안정적으로 뜨겁게 사랑할 수 있고 그것이 아니라면 큰 미움으로 작용하게 된다.

미움이란 젊고 생생한 감정이고 용서란 늙고 조용한 감정이다.

사랑의 속성은 회오리바람처럼 거칠고 위태로운 데 있다.

용서하면 성숙해진다.

그래서 용서할 수 없는 것이다. 성숙해지면 정말 모든 것이 끝나니까. 다 잊어도 되는 것이 되니까. 미안하다는 말은 지치고 끝을 향해 가지만 사랑한다는 말은 젊고 멈출 줄을 모르는 격정 속에 있는 말이다. 남자는 절대로 여자에게 미안하다는 말을 듣지 않는다.

혼자인 것을 즐겨라

 누군가와 함께 하는 시간은 추억이 된다. 좋은 감정을 가지고 있으며 웃는 일도 많고 그 기분 좋은 감정은 오래도록 기억이 된다. 사람들끼리 어울린다는 건 정말 멋진 일이다. 이건 어디까지나 좋은 사람을 만났을 때 일이다.

 어울림 만큼 중요한 것이 혼자 있는 것이다. 애써 맞지도 않는 사람들과 함께 하면서 피곤하기 보다는 그럴 때는 차라리 혼자가 되어 시간을 보내는 것이 낫다.

 사람은 잘해주고 공을 들여도 그 사람이 받아들이는 정도에 따라 그 노력이 빛을 발할 수도 있고 쉽게 허물어질 수도 있다. 사람한테 맞춰주는 게 참 어렵다. 하지만 혼자서 자기계발을 한 건 절대로 헛된 시간으로 남지 않는다. 사소하고 작은 노력이라도 반드시 빛을 발한다.

 혼자서 운동을 하고 혼자서 독서를 하고 혼자서 걷는다. 그리고 혼자서 사색을 한다. 혼자서 밥을 먹고 혼자서 노래를 듣는다. 그 순간마다 운동에 빠지고, 독서에 빠지고, 혼자 하는 일에 빠지면 외로움 같은 건 느끼지 못하고 몰입을 하게 된다. 그러면서 나도 모르는 사이 상당한 아웃풋이 생기게 된다. 몸도 가벼워지고 체형도 좋아진다. 다른 사람을 이해하는 도량도 생기고 소통할 때 여유도 생긴다. 인생을 관조할 수 있고 자존감을 올리는 계기가 된다.

혼자가 되면 비로소 가장 나를 가장 사랑할 수 있게 된다. 어느 누구도 나를 뜨겁게 사랑해줄 수 있는 사람은 오직 나밖에 없다.

'마음의 고통'

나에게는 오랫동안 '마음의 고통'이라는 게 있었다. 나는 10대의 이른 나이부터 글을 썼다. 왜냐하면 마음의 고통이 일찍 찾아왔기 때문이다. 그때는 그 고통을 견디기 어려웠다. 생각의 늪이고 나는 그곳에 완전히 갇혔다. 어디서, 왜, 어떻게 왔는지 모를 고통에 허덕이다 나는 문학을 발견하게 되었다. 시와 소설이 주는 매력 속에 빠지면서 나는 고통이 열어주는 예술의 세계로 입문하게 되었다. 그러면서 문학을 매우 사랑하게 되었다. 그렇게 나는 문학의 길로 들어섰다. 등단을 하고 시를 발표하고 시집을 내고 소설도 발표했다. 텍스트의 세계가 열리며 많은 문인들을 만났다. 어린 나에게 많은 기회와 영광이 주어졌다.

 그럼에도 나는 속으로 이 '마음의 고통'에 심하게 시달렸다. 누구에게도 내색하지 않았고 혼자 앓았다. 그래서 내가 시달리는 걸 아는 사람은 거의 없다. '마음의 고통'은 때로는 내 삶을 마비시키기도 했고 나를 견딜 수 없게 하기도 했다. 그래서 그 고통을 없애고 자유롭게 해방되기를 꿈꾸었다. 때로는 사랑의 감정으로 벗어나려고 시도했던 적도 있다. 어리석게도 나를 마음의 고통 속에서 구해줄 수 있는 사람을 연애의 대상으로 삼은 적도 있었다.

 분명 나를 속박하는 존재는 나다. 문학에 빠져 들었지만 문학이 궁극적으로 해결해주지는 않았다. 그래서 공부하는 학자가 되어 논리적으로 이 고통의 구조를 부숴버리려고 하기도 했다. 그림을 그리며 미술의 세계로 들어가 고통을 이미지로 환원하는 작업도 해봤다. 텍스트는 상상해야 하지만 이미지는 직관적이다. 미술의 세계는 문학처럼 아름답고 멋진 세계다. 세월이 가고 어느 날, 진짜 사랑의 의미를 깨닫게 되던 때 나는 비로소 '마음의 고통'이 사라지는 경험을 했다. 물론 약간 잔존하지만 거의 없는 것과 다름이 없다. 나의 꿈은 이루어진 것이다.

어느 날 갑자기 찾아온 '마음의 고통'은 내 인생의 큰 화두였고 나는 매우 건실하고 긍정적인 방법으로 그것을 다루었다. 그래서 내가 성장하고 내 삶에 유익하게 작용하도록 하는 발판으로 삼았다. '마음의 고통'은 내가 예술을 하게 된 심장과 같은 동력이었는데, 이것이 없었다면 무슨 힘으로 글을 쓸 수 있을까?

고통이 사라진 자리에 사랑이 남는다. 이제 나는 이 세계를 사랑으로 대하고 사랑으로 해석한다. 이전에 고통은 많은 사물을 아름다운 대상으로 환원하는데 도움을 주었다. 사소한 대상에서도 나는 나만의 아름다움을 발견하고 의미를 부여할 수 있었다. 고통이 새로운 시야를 주었다면, 사랑은 그 아름다움에 깊이감을 더하는 작업이라고 할 수 있겠다.

난 글을 쓰고 그림을 그린다. 한때는 글이 나의 메인 테마이고 그림은 부수적인 것이라고 생각해왔으나 나는 내가 그림을 글만큼이나 사랑한다는 것을 깨닫게 되었다. 태양이 블랙홀이 되듯 마음의 고통이 이제 사라지고, 이제 새로운 세계가 열렸다. 보다 차분하고 잔잔한 마음으로 이 세계에 접근할 수 있게 되었다.

예술이 만들어내는 빛나고 아름다운 것들. 성숙함과 깊이를 더해가는 사랑의 힘. 나의 가슴은 언제나처럼 두근거린다. 그래서 나는 인생이 즐겁고 행복한 것이라고 생각한다.

김지연

존재의 반대말은 부재이다

지금 있는 것, 존재하는 것들에 대한 관심은 적은 편이다. 지금 존재하는 것은 나에게 안정감을 준다. 잃지 않을 것 같고 불안하지 않다. 존재하는 것들을 생각하면 태평해지고 긴장감이 떨어진다. 하지만 지금은 없고 예전에 있었던 것들에 대한 생각은 간절해질 때가 있다. 지금은 없어졌지만 옛날에는 있었던 것들. 나는 그것을 '부재'라고 부른다.

과거는 내가 생각하든, 생각하지 않든 존재한다. 나

의 인식과 상관없이 객관적인 모습으로 존재한다. 과거는 기억이라는 형태로 형상화되기도 하고 부메랑처럼 튀어나와 현재를 가로지르기도 한다. 과거는 기억을 매개로 시간을 넘나든다. 현재의 일이 꼬였을 때는 과거에서 그 이유를 찾곤 했다. 그러면서 만나는 과거의 풍경은 선연하면서 아름답다. 내가 내 편이 안 되고 객관적으로 살핀 과거에는 카르마가 있었다. 누군가의 미움 속에 깊이 들어갔다 나온 경험. 타인과 상호작용을 했던 기록들. 그리고 미래까지 유의미하게 작용하는 것은 바로 감정이라는 것을 깨닫게 되었다. 어떤 일이 있고 무슨 대화를 나누었든 현재를 거쳐 미래를 관통하는 건 감정이었다. 자기중심적으로 행동하며 타인의 감정을 살피지 않았던 지난 날이 생각이 났다. 그곳에는 버리고 온 사랑이 있었다.

지금 없는 것은 '무'가 아닌 '부재'라고 볼 수 있다. 한때 존재했었고 지금은 없는 것. 없어진 것보다 있는 것이 중요하기 때문에 과거를 떠올리는 건 비생산적인 일이라고 생각했다. 앞으로가 중요하지, 살아온 궤적이 무슨 소용인가. 그래서 무시하고 인식하지 않고 살아왔다. 내가 무시한 '부재'는 어느 날 내 삶의 걸림돌이 되어 나타났다.

과거에는 있었고 지금은 없는 이 부재하는 것들은 미래에는 어떻게 될까? 부재하는 것들을 되찾을 수 있는 방법은 없다. 하지만 지금 부재하는 것들도 내 삶의 일부로 챙겨야 하는 것이다.

아름다움과 사랑함

 아름다움은 그 자체로 매력이다. 예쁜 여자로 살아간다는 것에 대해 이야기해보려고 한다. 예쁜 여자의 삶이란 어떤 것일까? 그 여자가 무슨 생각을 하고 어떤 말을 하든 사람들은 그녀의 외모만 본다. 아름다움이 가장 먼저 눈에 띄면 다른 것은 주목받지 못한다. 그래서 아름다움이란 대단한 것이다. 오직 아름다움으로만 특징 지어지고 그렇게 평가받는다.

 아름다움에는 한계가 있다. 아름다움은 그저 아름

다움을 뿐이지 그게 사랑이 되지는 않는다. 마음을 빼앗는 홀림이 작용하지만, 그것은 시각적 충격이 만들어내는 환상일 뿐이다. 아름다움이 사라지면 이내 실망을 하기 때문이다. 만일 사랑했다면 아름다움이 사라져도 여전히 소중히 여길 것이다.

아름다움은 소유욕을 불러일으킨다. 가까이 두고 싶고 바라보면서 아름다움이 주는 감동을 느끼고 싶어 한다. 아름다움에 대한 환상이 깨지기 않도록 말이나 행동을 제한한다. 아름다움이 계속될 수 있도록 기대에 미치지 못한 행동이 일어나지 않게 억누른다. 만일 통제에 따르지 않고 제멋대로 행동하면 분노를 일으키고 망치고 싶은 대상이 되기도 한다.

아름다운 꽃은 보는 사람을 반하게 하고, 꽃이 지면서 그 사람의 마음은 떠나간다. 보는 이가 꽃을 사랑하면 꽃은 버림을 받지 않는다. 그는 오직 아름다움에만 집착했기 때문에 흉한 모습이 된 꽃을 멀리한다.

보는 이가 꽃에 반해 있을 때는 그는 꽃을 자기만 소유하고 싶고 꽃을 통제한다. 그 시절 꽃이 배신을 하면 그는 무서운 복수를 하리라. 그리고 꽃의 아름다움이 사라지면 꽃을 버린다.

예쁜 여자는 다수의 사람들에게 관심을 받을 수 있다. 예쁜 것은 눈여겨보게 되어 있다. 그녀가 무슨 생각을 하는지 어떤 말을 하는지 관심이 없다. 예쁜 여자의 의식은 존중받지 못하고 타자의 시선에 그저 사물성을 가지며 칭송받는다. 그래서 예쁜 여자는 누가 자신에게 관심이 있는지 생각하지 않는다. 예쁜 여자는 자신이 사랑하는 것을 보게 되어 있다. 그것은 언제나 멀리 있다.

덧붙이자면, 꽃이 시들어야 싫증이 나는 게 아니다. 여전히 아름다운 꽃도 버림을 받는다. 아름다움을 소유하려고 하는 이들은 언제나 제멋대로 행동한다. 아름다움은 사물이기 때문이다. 사랑받지 못함이란 이토록 비참한 것이다. 진실로 사랑에 이르지 못하고, 그저 누군가의 기억에서 아주 오래 남는 그런 존재가 된다.

정말 사랑한 것도 아니면서

 사랑이라는 감정이 피어나고, 그 감정이 제대로 완성되지 못할 때 비극은 일어난다. 사랑이 온전한 모습으로 연인들 간에 역동적으로 교류가 되면 아름다운 추억이 만들어지지만, 두 사람이 어긋날 때 여러 가지 문제가 생긴다.

 사랑하는 사람이 내 말에 귀 기울이지 않고 자기 마음대로 행동하면 어떤 기분이 들까? 당연히 열 받는다. 그래서 그 사람을 다그치고 내 말을 듣도록 강요한다. 그런데 끝까지 말을 안 들으면 어떻게 될까? 싸운다. 어느 한 사람이 지치면 그만 도망을 가게 된다.

서로 의견이 맞지 않아 싸우다가 어느 한쪽이 포기를 하고 떠나가면 남은 사람은 굉장한 분노를 느끼게 된다. 가는 사람을 잡을 수 없으니, 혼자 남아서 엄청나게 미워하게 된다. 도망간 사람, 떠나간 사람은 배신자로 불리기 쉽다. 그에 대한 미움이란 거의 영원성을 가진다. 어떻게 하면 골탕을 먹일지 구체적인 방법을 천재적으로 생각해내게 된다. 미움이 사라지려면 그 사람이 돌아와야 하고 내 마음대로 움직여줘야 한다. 이미 끝장이 난 관계에서 그런 게 가능할까? 사랑으로 시작해서 미움으로 끝나기 참 좋다.

누군가를 사랑한다는 것은 그 사람의 이야기를 잘 들어주는 데 있다. 이야기를 듣지 않고 오히려 반대로 행동하는 것은 크게 거스르는 일이 될 수밖에 없다.

내 마음대로 안 된다고 그 사람을 탓하면서 상처 주고 모멸감을 주고 괴롭힌다면, 그건 정말 사랑일까? 상대방을 존중하는 마음 하나 없는 그 행동은 절대로 사랑이 아니다. 그런 상황에서 누가 행복해질 수 있겠는가. 사랑이란 상대방을 어떤 때라도 지켜주는 것이다.

사랑하지 않아서 그 사람이 떠난 것이 분한 것이다. 사랑하지 않아서 그 사람이 자기 고집대로 하는 게 거슬리는 것이다. 사랑하지 않아서 행복을 빌어주지 못하는 것이다. 사랑하지 않아서 그 사람이 떠나간 것이다.

정말 사랑한 것도 아니면서 그렇게 미워할 필요가 있을까? 진심도 아니었으면서 그 사람을 내 마음대로 하려고 하는 것은 옳지 않다.

언젠가 기회가 나를 찾아온다
마치 아는 사람처럼

  열심히 가던 길에 본의 아니게 길이 끊어지고 가로막힌 적이 있었다. 시간도 돈도 많이 투자했는데 달리 방법이 없었다. 아쉽지만 내려놨다. 그때는 내 길이 아니었다고 생각했다. 그 일은 나 혼자만 노력한다고 되는 일이 아니었다. 하필 나는 그 시절 여러 곤경에 처해있었다. 그저 운이 다한 일이었다. 그렇게 나는 내 어깨에 있는 날개가 꺾어졌다. 사람을 잘못 만나는 게 얼마나 위험한 일인지 끔찍하게 깨달았다. 아쉬울 것 없다는 그 오만한 표정을 보면서 엄청난 갑을관계를 경험했다. 나는 돌아보지 않고 총총히 새로운 길을 향해 갔다. 나는 젊고 얼마든지 나아갈 수 있다는 자신이 있었다. 결코 적지 않은 내가 쏟아부은 시간과 비용. 이것을 모두 잃게 되었다. 그래도 늘 못다 한 미완성의 길에 아쉬움은 있었다. 다시 그 일을 입에 올리는 일도 없었고 원망하지도 않았다.

그러던 어느 날이었다. 그 미완성의 길에 새로운 기회가 찾아왔다. 너무나도 긴 시간이 흐른 뒤였다. 다 포기한 일이고 생각지도 못해서 뜻밖이었다. 기회란 이렇게 오는 것이었다. 미래가 위대한 이유는 정말 어떻게 될지 모르기 때문이다.

나는 요즘 예전 내가 멈추고 돌아섰던 오래전 그 일을 다시 하고 있다. 너무 오랜 시간이 흘러 사실 나에게 예전과 같은 촉망받는 기대감은 사라졌지만, 그래도 미완의 일을 지금이라고 다시 할 수 있음에 감사한다. 사람은 운명대로 살아가고 인생은 팔자대로 살아진다고 생각하므로 이것이 나의 숙명임을 겸허히 받아들이기로 했다. 새로운 길에서 나는 수많은 인생의 의미를 얻었으니 괜찮다.

너무 놀라운 것은, 인생에는 정말 생각지도 못한 일이 일어난다는 것이다. 정말 아무 기대도 하지 않았다. 특히 못된 짓을 한 사람을 봤을 때는 그를 응징할 수 있는 힘이 없어 큰 무력감을 느꼈다. 나는 복수 같은 건 시간 낭비라고 생각한다. 무엇보다 나는 행복한 사람이었기에 굳이 나를 밟은 사람을 굳이 내가 열정을 내서 짚어보고 갈 필요는 없었다. 그 시간에 차라리 운동이나 하고 싶었다. 그래서 그냥 방치하고 내버려두었다. 나는 큰 손해를 봤지만 그냥 무리 없이 넘어갔다. 되갚아주려고 나서고 싶었지만 그 열정과 에너지가 아까웠기 때문이다.

그리고 시간이 흘러 굳이 내가 나서지 않아도 순리대로 흘러가는 것을 보고는 진짜 이 세상의 위엄을 느꼈다. 진정 이 세상이 내 편인가 싶기도 했다. 다른 사람이 벌을 제대로 받는 것 보고는 진짜 인생을 양심껏 똑바로 살아야겠다는 생각이 들었다.

나는 쓸데없는 것에 너무 많이 용서하려고 했고 이해하려고 했다. 사과 없고 반성 없는 자에게 너무 많은 아량을 베풀었다. 나는 그 위대한 메시지를 잊지 않으려 한다. 사실 나는 싸우기 귀찮아서 내게 주어진 불이익에 적극적으로 대응하지 않고 스스로 방치하고 방관하는 존재가 맞긴 했으니까.

남한테 눈물 흘리게 하고 못된 짓거리 하면서 잘 될 수가 없다. 가끔 생각나면 혼자서 원색적인 욕설을 하곤 했는데 비록 마음 속에서 떠들었지만, 내가 이렇게 욕을 잘하는 지도 놀랐고 그것도 지극히 개인적인 영역의 것일 뿐이었다. 이 세상이 속 시원하게 작동하니 진짜 신기하고 고맙기도 했다. 나는 운명을 믿기 때문에 이 또한 이치라고 생각한다. 운명은 굴레다. 모든 개인은 그저 개인일 뿐이다. 살다 보면 정말 어찌 될지 모르니 착하게 살아야 한다. 맞는 일을 가야 하고 옳은 가치를 선택하고 살아야 한다. 바로 옆에 있는 사람을 속일 수 있어도 이 범지구적인 세계관까지 속일 수는 없는 모양이다. 인간은 이 세상을 손에 다 쥔 듯 교만한 시절이 있지만, 결국에는 인간의 한계라는 것이 더 크게 존재한다는 것을 절감하며 더욱 숙연해진다.

생각은 늘 정리를 하고 살아야 한다. 물론 그 정리가 늘 완벽한 것은 아니다. 편협한 시각에서 제멋대로 정리하기도 한다. 다 포기한 일인데 내가 이토록 기대하고 기다렸는지조차 알 수 없다. 안 되는 일이라 완전히 접어둔 건데, 순리에 맞다면 언제라도 기회는 다시 올 수 있다는 믿음이 생겼다. 무가치하고 오만한 종자들을 유에서 무로 정리하는 이 세상의 이치도 위대하고, 먼 길 돌아 다시 찾아온 기회의 다정함에 큰 감동을 느꼈다.

유의미한 것을
무의미한 것으로 치환하는 일

 나는 한동안 이미 끝난 인연들로 인해 힘들어한 적이 있다. 한때 가까웠고 나의 삶에 영향을 끼쳤던 사람들. 하지만 이제는 연이 다해서 더 이상 볼일도 없고 연락도 하지 않는다. 서로의 생존신고조차 하지 않은 완벽한 타인이 된 사람들. 다만 기억 속에서만 존재한다. 그때는 몰랐었는데 지금 깨닫게 되는 것이 있을 때는 나 자신도 적잖이 당황을 한다. 곱게 덮어둔 과거를 끄집어내고 그 속에서 내가 간과했던 순간들을 다시 재발견하며 괴로워하는 나날이 있었다. 과거는 바꿀 수 없지만 과거의 어느 날은 현재와 미래에 영향을 미친다.

나는 슬픔이라는 감정을 매우 좋아한다. 왜 슬픈지 어떻게 하면 빠져나올 수 있을지에 관해서 생각하지 않는다. 그냥 슬픔이라는 감정 자체를 느낀다. 그러다 보면, 아주 중독성이 있다. 슬픔이 주는 진지함과 묵직함은 또 다른 즐거움이 되곤 했다. 그런데 정작 사람과 멀어지고 나서는 슬픔에 빠지지 않았다. 인연의 끝이 오면 받아들이고 그 충격에서 빨리 벗어나곤 했다. 그냥 다시 새로운 세계가 열리는 것이라고 생각했다. 누군가와 헤어지고 슬픔이라는 감정을 최대한 절약하고 삭제해 버리다 보니, 나는 그만큼 살면서 놓치는 것이 많아졌다. 타인과의 관계에서 본질이라는 것을 생각하지 않은 적도 있었고 나 자신만 상처를 받았다고 스스로를 두둔하기도 했다. 슬픔은 온전히 내가 내 자신에게 집중할 때만 있었기 때문에 타인에 의해서는 잘 느끼지 못하곤 했던 것이다. 그렇다 보니, 타인과의 단절이 주는 충격을 진중하게 생각하지 못했다.

숱한 과거의 사람들이 있다. 내가 한때 만났던 사람. 특별한 감정을 품었던 사람. 세월은 노화라는 방법으로 외모를 바꾼다. 어쩔 수 없다. 그 사람들의 흔적과 기억을 지울 수가 없다. 나는 나도 모르게 이미 다 끝난 사람들을 의식하고 생각하고 감정을 소비하는 어리석은 일을 하고 있었다. 끝난 사람들은 생각할 필요가 없다.

명확한 정리를 위해서는 한때는 유의미했고 또 지금도 유의미할지 모르나 그 유의미한 것들을 무의미하게 만드는 작업이 필요했다. 특히 나에게 상처를 준 사람, 나의 앞날을 가로막은 사람, 나를 방해한 사람,

내 인생에 도움이 안 된 사람들은 오래 기억이 되는데 그런 부류의 사람을 무의미하게 만드는 게 쉽지 않았다.

  복수라는 것은 쓸데 없는 것이다. 지금껏 나는 복수를 하겠다고 나서 본 적이 없다. 어이 없고 억울해도 그냥 잠자코 있었다. 놀랍게도 세상이 다 알아서 한다. 그 사람은 그 사람 운명대로 살다가 나를 만나 좀 부딪혔고 팔사내로 결과를 맞는다는 것이 나의 지론이다. 아마도 그럴 필요가 없을 정도로 나는 이미 행복한 사람이고, 새로운 길을 창출할 수 있는 능력이 있고, 그것쯤 눈감아주고 봐줄 수 있을 만큼 여유가 있었던 모양이다. 내가 아무리 넉넉하게 마음을 갖는다고 해도 거슬린 사람치고 잘 된 사람은 없는데, 그것도 신기할 지경이다. 이러한 현상을 보면서 항상 착하게 살아야겠다고 결심하곤 한다.

  언제나 중요한 것은 앞으로 다가올 것이다. 지나간

것을 기대하는 사람은 거의 없다. 지금 뭔가 잘못되었을 때 지나간 것은 뒤져보는 것이다. 나는 내 인생에서 유의미하게 작용했으나 이제 무용지물이 된 것들에게 더 이상 의미를 부여하지 않기로 했다. 쓸데없는 것은 갖다 버리고 잊을 것 잊고 의식하지 않기로 했다. 가령 내가 사랑했던 A를 멋지고 웃을 때 눈매가 멋진 사람이라고 기억하지 않고, 그냥 서울에 사는 흔한 남자 정도로 생각하는 것이다. 전철역 수많은 사람들 틈바구니에 있는 그들 중 끼어 있는 익명성으로 여긴다. 모르는 사람은 다 비슷비슷해보인다. 내가 앞으로 살아감에 있어 어떤 말을 하고 어떤 가치관을 가지고 살아가더라도 익명적인 그 존재를 의식할 필요가 없다. A가 준 선물인 디퓨저도 그 속에 있는 추억을 빼고, 그냥 2만 원대 숲 속 향기가 나는 방향제로 생각하면 된다.

 대상으로부터 의미를 빼앗아 삭제하는 일, 나는 그

것을 나만의 용어로 '무의미화'라고 부른다. 무의미화 작업이 제대로 되지 않아 지나간 것들이 걸리적거리는 것이다. 그래서 이런저런 잡다한 감정이 존재하고 어지러워지는 것이다. 의미가 사라졌음에도 예전 좋았던 순간만 떠올리고 의미를 찾으려고 하니, 복잡해진다. 무의미화를 통해 의미를 완전히 부정해야 한다. 의미가 사라지면 모든 대상은 본래의 의미로만 돌아간다. 그런 정말 별것 아닌 것임을, 신경 쓸 필요도 없는 것임을 깨닫게 된다.

타인의 고통에 관심을 갖는 일

나 하나 살기에도 벅차다. 다른 사람을 보살피는 게 쉽지 않다. 하지만 아무리 여유가 나지 않아도 곁에 있는 사람들은 관심을 가지고 바라봐야 한다. 그렇지 않으면 반드시 후회하게 되어 있다. 그 사람의 속을 들여다볼 수 없어도 그가 보기에 내가 자길 챙긴다는 것 자체로도 충분히 만족할 수 있기 때문이다. 거창하고 대단한 것이 아니다. 때로는 몇마디 말로도 충분한 관심을 표현할 수 있다.

나는 아무래도 타인의 고민이나 고통에 그다지 관심을 두지 않았다. 물론 고민거리를 들으면 잘 들어주고 위로도 해주고 여러 도움의 말을 주기도 한다. 나의 솔루션이 얼마나 유효했는지는 별로 상관이 없고 여기서 중요한 것은 내가 관심을 갖고 대해준 것이 중요한 것이었다. 나의 일이 아니고 나의 관심사가 아니면 들어주는 게 쉽지 않지만, 접하다 보면 흥미도 생기고 그만의 세계가 열리곤 했다.

다른 사람이 마음을 터놓고 진솔한 이야기를 할 때는 그 사람이 나를 특별하게 생각하기 시작했다고 생각한다. 누군가에게 특별한 존재가 되는 건 멋진 일이다.

오롯이 혼자 있는 시간을 참 좋아한다. 집중할 수 있고 생산적이고 결과물도 잘 나온다. 그래서 혼자 있는 시간을 많이 확보하는 편이다. 그러다 보니 타인의 삶에 무심해지고 타인에게 쓰는 시간을 아끼곤 했다. 때로는 사람 사이의 관계에서 오는 무상함이 찾아오기도 했다. 사람과 멀어질 때는 모든 것이 아깝게 느껴지기도 했다. 그래서 오직 나 자신에게만 신경을 쏟기도 했다. 내가 하는 일에서 어떤 막힘이 생기면 그제야 타인의 마음을 들여다보기도 했다. 그때는 사실 많이 늦은 때고 그것은 보통 슬픔이나 회한으로 남았다.

나의 안부를 기다리는 사람은 많다. 아주 부담 없이 가벼운 인사는 타인에게 관심을 표현하기 아주 적절한 태도다. 누군가의 인사가 반가울 만큼 사실 많은 사람들이 고독감에서 사는 것 같다. 누가 내 생각해주고 날 챙겨주고 나를 좋은 사람으로 여긴다는 건 참 행복한 일이니까.

타인의 마음을 들여다 보는 일, 그 사람이 나에게 대화로 주는 언어. 그것도 내가 살아가는 데 꼭 필요한 것이다.

인생에 목적이라는 것이 있어야 하는가

 계획하고 실행하는 것이 내가 살아가는 방법 중에 하나였다. 큰 목표부터 작은 하루의 일과까지, 목적을 세워주고 그에 맞는 세부 진행 사항을 정리해서 하나하나 실행하면서 살아왔다. 생각보다 많은 일들이 뜻대로 되었다. 항상 목적에 맞는 행동만 실천했기 때문에 가능했던 것 같다. 별 것 없다.

 인생은 혼자 사는 게 아니라, 가까운 이와 함께 사는 것이기 때문에 타인과 어우러질 때는 나의 예상이 빗나가는 일이 많았다. 타인의 비위를 맞추고 마음을 꿰뚫어보는 것까지는 미숙했던 옛 시절에는 가까운 이와의 균열 때문에 나의 계획은 여지없이 무너지기도 했다. 타인이 내 뜻대로 움직이지 않는 것이 무척이나 답답했고 때로는 강하게 밀어붙이기도 했지만 잘 되지 않았다. 보통 내가 나를 대하는 방식으로 타인을 대했기 때문에 사실 내 편으로 만드는데 실패했다. 지쳐버린 나는 몇 번의 시도 끝에 깔끔하게 포기했다. 그래서 인생은 혼자 살아가는 것이고 혼자가 편하고 굳이 타인을 끌어들여 마음고생할 필요가 없다는 간편한 생각을 하고 혼자서 아주 홀가분해했다.

 타인의 거절을 겸허히 잘 받아들이는 나는 두 번 재촉하지 않는다. 게다가 안 되는 일에는 미련 없이 돌아서기에 뒤끝도 없다. 기회비용이라고도 생각하지 않고 그것의 장점만 뽑아서 그래도 남는 장사라며 정신 승리도 한다. 또한 남의 일에 별로 관심도 없다 보니, 타인의 마음을 헤아리는 데도 부족함이 있었다. 어떤 실패를 겪어도 모든 것을 내가 부족한 것으로 결론 짓기 때문에 어떤 일이 어그러져도 그것이 타인과의 관계에서 비롯되었음을 잘 인식하지 못한다.

누구나 꿈이 있고 그 꿈을 이루고 싶어 한다. 하지만 그 꿈을 향해서 직접적으로 나아가는 사람은 별로 없다. 꿈은 꿈대로 남겨두고 적당히 현실에 맞게 살아간다. 그리고 한때 꾸었던 그 꿈이 얼마나 허무맹랑한 것인지 실소를 터뜨리며 생각하게 된다. 나이 든다는 것, 철이 든다는 것은 그런 것이다. 안 되는 것을 아는 것이다.

인생에 목적이라는 것이 있어야 하는지 의문이 든다. 목적도 없이 사는 인생이라면 바보 같고 아무 생각도 없어 보이지만, 그 목적이라는 것이 언제나 옳은 것도 아니고 그 방법이 유익한 것도 아니다. 그 목적의 근원도 잘 따져보면 원래 나의 목적이라기 보다는 사람들 간에 주고 받는 세속적인 성향의 것일 때가 많다. 그러니 그럴 듯한 것, 본질이 빠진 것, 예상을 빗나는 것이 되기가 쉽다. 목적이라는 게 있다 보니, 그것을 지향점으로 움직이게 되는데 때로는 그것이 섣부르고 미약한 것에 지나지 않을 때가 있다. 목적이 거창하다고 인생이 거창한 것도 아닌데 말이다.

목적이 있어서 보다 더 값진 것, 보다 더 나은 것을 선택하면서 고군분투하지만 사실 결과적으로는 나에게 맞는 건 언제나 따로 있기에 한계는 엄연히 존재한다. 그저 바쁘고 고단한 일일 뿐이다.

오늘 해야 할 것, 그리고 가장 나답게 살아갈 것, 인연이 되는 모든 것은 내가 찾아가는 게 아니라 나를 찾아오는 것, 무언가를 얻기 위해 전전긍긍하기보다 와도 그만 안 와도 그만, 여유 있게 바라보는 힘, 어느 날 운이 다가와도 교만하지 않고 운이 나가도 슬퍼하지 않는 평정심이 인생을 더욱 단단하게 한다.

사랑에 빠지는 힘

 보통 어떤 일을 시작할 때 망설이게 된다. 확신이 들지 않고 결과를 예상할 수 없다. 다른 사람들의 이야기도 들어보고 인사이트를 얻어보려고 하지만, 부딪혀서 겪는 현실을 내다보기에는 부족하다. 인생이란 언제나 예기치 않게 흘러가기에 예측할 수 없는 것이 많다. 다만, 내가 할 수 있는 것과 내가 할 수 없는 것을 잘 파악하는 것이 중요하다. 생각보다 많이 자신이 할 수 없는 일에 도전을 한다. 그것을 다 부딪혀보고

김지연

나서야 깨닫기도 한다. 내 자신에 대해서 잘 알고 있다면 기회비용을 아낄 수 있고 불가능한 것을 건너뛸 수 있다.

가끔 도저히 해내기 어려운 일인데도 거뜬히 해낼 때가 있다. 그건 바로 사랑에 빠져야 가능하다. 사랑에 빠지면 원래 눈에 뵈는 것이 없고 대범해지고 앞뒤 안 가리게 된다. 누가 말려도 안 되고 고집을 부리는 천하무적이 된다. 이성적으로 생각할 겨를이 없다. 사랑이 주는 힘 때문에 이 모든 것이 가능한 것이다. 포기란 없으며 무조건 해야 하고 안 하면 견딜 수 없을 것 같아서 그만 저지르는 것이다. 평범한 사람이 초인이 되는 비결은 오직 사랑밖에 없다.

특히 일을 사랑할 때 더욱 그렇다. 어떤 분야에 매력을 느끼고 심적으로 온화해지고 아름다움에 경도되고 행복감이 가득한 전율을 느낀다면, 그쪽 분야에서 상당한 능력을 발휘하게 된다. 설령 어떤 어려움이 있다고 해도 잘 해결하고 더욱 발전적인 결과로 이끌 것이다. 이상과 다른 면이 있다고 해도 조금씩 현실에 맞춰서 변형하면서 삶에 최적화시킬 수 있다. 이 경우는 그저 성실하고 묵묵히 일하는 사람이 낼 수 없는 성과이다. 하물며 몸 담고 있는 일에 열정이 없고 권태로우며 마지 못해 어쩔 수 없이 한다면 자신의 본질적인 역량을 가시화하여 끌어올리기는 어려울 것이나. 하지만 이리한 태도는 평탄한 삶의 근간이 된다.

  좋아하는 일에 진입했다가 실망하는 일이 많다. 겉으로 보았던 모습과 그 실체가 다른 경우가 많다. 혹은 그 일이 좁은 문을 가지고 있기 때문이기도 하고, 잠시 바람 쐬듯이 들어갔다 나왔기 때문에 성과가 미비할 수 있다. 중요한 것은 분명 사랑이라고 생각했는데 그 사랑이 뜨뜻미지근한 것에 불과하다면 콩깍지가 벗겨져서 실망하는 일이 더러 있다. 사람 앞에서 일 앞에서 현실의 벽을 느끼고 변심하는 일은 흔하다.

무언가를 뜨겁게 사랑하는 것도 능력이다. 사랑을 하면 그 어떤 조건도 제약도 방해가 되지 않는다. 막무가내가 되고 비현실적인 용기가 생기며 절대로 포기하지 않고 끝까지 해낸다. 이것저것 재면서 시간 낭비를 하지 않는다. 많은 에너지를 소모하는데도 지치지 않는다. 차분하게 스텝을 밟아 잘하려고 하는 것보다 뜨겁게 사랑하는 게 우선이다. 꼼꼼하게 기민하게 민첩하게 해내는 것보다 뜨겁게 사랑하고 열망하는 것이 더욱 힘이 세다.

공백의 공간감

 뭔가를 새로 얻는 것만큼이나 중요한 것은 이미 가진 것을 지키는 것이다. 소중하지만 나의 의지와 상관없이 잃어버리는 것이 있다. 무언가를 상실했을 때 스트레스를 받고 슬픔을 느낀다. 그 요동치는 감정은 인생의 한 부분을 장식할 만큼 중요한 사건이 된다. 무언가를 잃게 되면 빈 자리가 생기고 그 허전함으로 인해서 괴로움을 겪는다. 그래서 다른 대체제로 채우려고 한다. 그렇게 채울 수 있다면 모두 해결이 된 것일까?

 나는 잃어버린 것들이 남긴 빈 자리를 그대로 내버려두어야 한다고 생각한다. 처음에는 짠한 느낌이 들지만, 그 공백감이 주는 넓음과 공간감이 꽤 괜찮다. 슬픔도 즐기는 것이다. 슬픔은 다른 감정과는 달리 속일 수 없는 속성이 있어 그 깊이감을 느껴보는 것도 좋은 경험이다.

 누군가를 잃었다면 그 사람을 대신할 새로운 사람은 아무도 없다. 사람을 잃었다는 것은 내가 내 삶에서 보다 더 넓은 공간이 생겼음을 의미한다. 그 사람이 차지하고 있던 비중, 그 사람이 소유하던 나의 시간, 그 사람이 나에게 가진 의미를 무의미로 전환하는 작업은 그만큼 내 삶을 보다 더 가볍게 한다.

 인생을 꽉꽉 채운다고 좋은 것이 아니다. 많이 가지면 안도감이 들지만 그만큼 속박도 많이 받는다. 꼭 필요한 것만 남기고 버리는 작업도 쉽지 않다. 타인과

가까워지면 그가 내 삶의 일부가 되고 그만큼 내가 내 삶을 영위하는 분량도 줄어드는 것이다.

  내 삶의 공백과 여백을 바라본다. 이사 나간 집처럼 짐이 하나 둘 빠진 모습이다. 인생의 중요한 사람이 떠나고 그로 인해 생긴 빈 자리에 관해서 생각한다. 그 공백감이 그렇게 안타까운 것이 아니다. 빈자리가 생겨서 그 주변에 작은 사물들에게서 아름다움을 발견할 수 있는 것이다.

  텅 빈 공간은 깔끔하고 넓다. 생각보다 쓸모 없는 것들이 자리를 많이 차지하고 있으면서 버려지지 않고 있다. 인생에서 공백이 생기면 그 넓어진 공간감을 즐길 수 있고 혹은 꼭 필요하고 어울리는 것만 다시 들여놓을 수 있다.

험담의 마술

인간관계의 복병은 바로 험담이다. 언제 험담할 수 있는가? 바로 친해졌을 때다. 사람과 사람이 친해지는 건 바로 험담을 하기 위한 워밍 업이다. 사람은 험담을 통해 교감하고 감정을 교류한다. 이때 공간에 없는 제3자를 험담할 수 있고 때로는 서로에 관해서 험담하며 싸울 수도 있다.

그럼 무엇이 험담인가? 안 좋은 이야기다. 비난이고 비판이다. 완전히 남의 편이 되어서 뿔을 세우는 말이다. 그리고 내 가슴 속에 응어리진 잉여다. 쓸모는 없으나 버리지 못하고 자리만 차지하는 잔여물. 험담은 남을 위한 비판이므로 반대로 나를 위한 방어이기도 하다.

사람은 왜 친해지는가? 친밀함을 쌓는 건 물론 마음에 들어서 그렇기도 하지만 마음 속에 있는 것을 뱉어내고 싶을 때 친해지려고 한다. 상대방이 좋아서가 아니라 본색을 드러내기 위해서 먼저 친해지는 것이다. 본색은 속마음의 다른 이름이다.

대화를 하고 친분을 쌓고 관계가 형성 되면 속마음이란 것을 여지없이 나온다. 만나지마자 말을 놓고 친해지는 속도가 빠르다면 그만큼 그 사람 마음 속에는 끓어넘치는 본색이라는 게 가득하다고 보면 된다. 그것은 숨겨진 울분일 수 있고 해결되지 않는 고독감일 수 있다. 숨 쉬고 밥 먹고 화장실 가는 사람이다 보니 평소 포장된 말과 마음속이 다를 수도 있다. 먼지처럼 부유하면서 알듯말듯 드러나는 속마음이 있고 언표화되어 노골적으로 드러나는 속마음이 있다. 사실 슬쩍슬쩍 드러나는 속마음이 훨씬 더 진실하고 무서운 것인데 엔간해서 잘 포착되지 않는다. 속마음이란 사람의 본질이 드러나는 순간이고, 이 본질적인 코드가 잘 맞아야 인연이 될 수 있다. 난이도가 있는 분야이다 보니, 두루뭉술한 대인관계를 위해서 안전하게 속마음을 드러내지 않는 것이 방법일 수 있으나 속마음을 교류하지 않으면 진정한 라포가 형성되었다고 볼 수가 없다.

험담을 하면 좋은 이유도 있다. 스스로에게 아주 솔직해질 수 있다. 본색을 여과 없이 드러내서 자아를 찾는다. 다들 가면을 쓰고 사느라 행복 같은 건 잊고 무력감에 시달린다. 가면 벗기가 자신이 없어 술의 도움도 받는다. 마음 속에 언어를 꺼내놓는 아주 간단한 작업만으로 원초적인 자신과 만날 수 있다. 사람은 원래 근원적으로 유치한 속성이 있다. 이것을 부끄러워해서는 안 된다. 험담을 통해 스트레스도 풀고 속세의 시름도 푼다. 이렇게 생기지 않을 병도 피해간다. 인간이 고매한 방법으로 솔직해지고 본색을 들추면 좋겠지만, 그건 불가능하다.

험담이 왜 무서운가. 말은 돌고 돌기 때문이다. 신뢰가 확실하지 않거나 혹은 이후에 관계가 깨어지면 부메랑이 되어 돌아올 수 있다. 그러니 반드시 코드가 맞아야 하고 서로 간의 인연의 소중함이 형성되어 있어야 유리하다. 험담을 시작할 때 내 편 들어주며 같이 욕하면 같이 험담한 게 되어서 그게 그거다. 어쨌거나 관계의 토대가 불분명하다면, 드러날 듯 말 듯 애매하게 험담을 던지면 된다. 험담은 굳이 스피치하듯이 할 필요는 없으니까.

험담은 진정으로 사랑하지 못하는 데서 나온다. 어찌 이 세상 모든 것을 진정성 있게 사랑하고 껴안고 이해하며 살겠는가. 그건 무리다. 부딪히는 게 많고 무시되는 게 더 많다. 속마음을 속이면 자아를 잃는다. 그러면 깊은 우울이 찾아온다. 다 좋게 봐주면 좋겠지만 불가능하다. 자아가 무너지지 않게 언어로서 방어하는 것이다. 가끔 깊은 뜻도 모르고 성급하게 험담하는 일도 있긴 하다. 인생이란 언제나 반전이 있어서 내가 생각했던 것이 빗나가고 뜻밖의 길로 향하기도 한다. 험담이 오해일 수도 있다는 이야기다. 그때는 철회하면 되고 수정하면 된다.

주체와 인맥

 나 자신의 존재감은 무엇보다 중요하다. 나는 누구이며 어떤 존재인가. 그리고 타자는 어떤 존재인가. 타자란 내가 아닌 타인이고 주변 사람들이다. 나와 교류하는 친구, 연인, 가족, 지인 등 다른 사람들이다. 인생을 살아가면서 주체의 힘이 약해지면 경로가 불완전해진다. 내가 좋아하는 것, 내가 잘하는 것이 무시되고 타인이 욕망하는 것을 우선으로 두고 살게 된다.

사실 꿈이 뭔지 목적이 뭔지도 모른 채 그저 타인이 제시하는 목표를 따라 삶을 살아가는 것이 많다. 내 인생에 나 자신이 없는 일, 주체성이 결여된 삶이란 어쩌면 흔하다. 괜히 혼자 고집부렸다가 실패하고 낙오될 것이 무서워 내가 나 자신과 대화하는 시도조차 하지 않은 셈이다.

 타자와의 관계에서 실패하거나 실망하는 어떤 사건이 발생했을 때 비로소 주체에 관해서 생각해 본다. 주체성이 처음부터 너무 작고 힘없는 것이라서 아예 생각조차 안하고 사는 경우도 있다. 행복하고 즐거울 때는 타인에게서 의미를 찾기 때문에 나 자신에게 질문을 던지지 못한다. 대화와 리액션이라는 상호작용을 통해 모호하고 나약한 나의 생각이 확고해질 수 있다. 즉, 나 혼자 우겨서는 불완전하고 그에 호응하는 타인의 지지가 있어야 명확해지는 것이다. 타인의 응답으로 고민은 확신이 될 수 있고 비로소 안정성을 찾는다.

 타자도 자신의 삶을 살아가느라 바쁘기 때문에 영원한 게 아니다. 타자는 유동성이 있다. 즉, 주변 사람들은 바뀔 수 있다는 뜻이다. 서로 다른 사람들과의 상호 접촉을 통해 주체는 성장한다. 내가 모르던 것을 알 수 있고 생각을 확장할 수 있다.

 주체성은 중요하다. 자기 자신을 확립하고 스스로에 대한 믿음을 돈독히 하는 것. 그것은 고집이나 고립이 아니다. 완벽한 주체의 모습으로는 언제나 한계가 있다. 인생의 발전을 위해서는 타인과의 교류가 필수적이다. 때로 인맥이 부질없다고 여길 수 있으나 그것은 일종의 매너리즘이다. 어떤 사람을 만났고 그로 인한 피드백을 스스로 내릴 수 있어야 한다. 물론 사람은 수단이 아니기 때문에 감정적 교류가 중요하며, 타자가 남긴 소위 잔여물에 관해서 생각해보고 나 스스로 발전할 수 있는 수단으로 활용해야 한다. 또한 타자를 내 편으로 만드는 노력도 중요하다. 사람은 감성적 존재이기 때문에 정에 약하고 정으로 움직인다.

타자는 적이 아니다. 주체의 반려이며 든든한 편이다. 타인이 주체가 될 수는 없고, 주체가 타자가 되려고 해서도 안 된다. 타인에게 너무 매달리고 의지해서는 불행해질 수밖에 없다. 또한 남의 인생에 주인공이 되려고 덤벼서도 안 된다.

성숙한 주체는 타자를 초대할 여유가 있다. 사소한 일에 감정을 소진하지 않고 상호 간에 신뢰를 쌓을 수 있도록 리드할 수 있다. 온전히 나 하나만에게만 집중하여 내게 주어진 일, 내가 할 일, 내 앞가림만 하는 것만으로는 불완전하다. 인맥도 중요하다. 주체 없이 인맥에만 집착하면 시간만 낭비하고 소모적일 수 있다. 타인은 나를 책임져주지 않는다. 이루어놓은 것 없이 풍성한 대인관계에만 만족해서는 안 된다. 성실한 주체성을 확립했다면, 그다음에는 타자를 내 삶에 배치

시키는 것이다. 상호간에 좋은 영향을 줄 수 있는 시너지를 향유하는 것이다. 타자는 내 삶에 일부가 될 수는 없다. 주체성이 곤고해야 남에게 휘둘리지 않는다. 그러므로 타자는 언제든 자유롭게 떠나고 다가올 수 있다. 나는 그저 온전히 나일 뿐이다.

인생이란 무엇인가

초판 1쇄 발행 | 2025년 8월 12일

지은이 | 이홍준, 이현주, 김지연
펴낸이 | 김지연
펴낸곳 | 생각의빛

표지그림 | 김지연

출판등록 | 2018년 8월 6일 제 406-2018-000094호

ISBN | 979-11-6814-117-9 (03190)

원고 투고 | sangkac@nate.com
블로그 | blog.naver.com/sangkac

* 19,000원